Levántate,
Amada Mía

Encuentros con Jesús
para encender la pasión,
la adoración y el asombro

Julie King

UN VIAJE DE DEVOCIÓN DE 31 DÍAS

Levántate, Amada Mía
Encuentros con Jesús para encender la pasión, la adoración
y el asombro Julie King | East-West Publishing
Copyright © 2022 East-West Publishing. Todos los derechos reservados.
Salvo breves citas con fines de reseña, ninguna parte de este libro puede ser
reproducida en forma alguna sin el permiso previo por escrito de East-West.
Para contactarte con la autora escribir a: jking@eastwest.org
Para obtener información actualizada sobre eventos, viajes, recursos y
formas de participar, visita nuestro sitio web en www.eastwest.org/arise.
Versión a lengua española: The Bridges Project

Library of Congress Catalog Number: 2022951494
ISBN (impreso): 978-1-7374997-5-6
ISBN (ebook): 978-1-7374997-6-3

East-West Publishing Plano, TX

Las citas bíblicas marcadas con (RVC) se han tomado de la
Biblia Reina Valera Contemporánea Copyright © 2009, 2011
by Sociedades Bíblicas Unidas, usado con permiso.

Las citas bíblicas marcadas (PDT) se han tomado de la Biblia Palabra de Dios
para Todos (PDT)© 2005, 2008, 2012, 2015 Centro Mundial de Traducción
de La Biblia © 2005, 2008, 2012, 2015 Bible League International.

Las citas bíblicas marcadas (BLP) fueron tomadas de la Biblia
La Palabra (España) (BLP)La Palabra, (versión española) ©
2010 Texto y Edición, Sociedad Bíblica de España.

Las citas bíblicas marcadas (NBLA) fueron tomadas de Nueva Biblia de las
Américas™ NBLA™ Copyright © 2005 por The Lockman Foundation

Las citas marcadas (NVB) fueron tomadas de Nueva Biblia Viva (NBV)
Nueva Biblia Viva, © 2006, 2008 por Biblica, Inc.® Usado con permiso
de Biblica, Inc.® Reservados todos los derechos en todo el mundo.

Todos los derechos reservados. Las citas bíblicas marcadas con (NVI) están
tomadas de la Santa Biblia, NUEVA VERSIÓN INTERNACIONAL®
NVI® © 1999, 2015 por Biblica, Inc.®, Inc.® Usado con permiso de
Biblica, Inc.® Reservados todos los derechos en todo el mundo.

Otros libros por Julie King:
Revivalist Arise, Encounters with Jesus that Position
you to Carry the Fires of Revival

nuevo fuego encendido y una pasión tan profunda por Aquel que no podrás contenerla».

Lizzy King, RN, Líder de adoración y Cantante/Compositora

«Julie escribe con una belleza e intimidad que fluye directamente de su relación con Jesús y el deseo que Él le ha dado para que otros también lo experimenten con igual profundidad. No sólo su escritura es real, auténtica, y proviene directamente de su tiempo con el Señor, sino que te anima a ir tú mismo a Jesús y verlo más claramente como quien realmente es, el que tu alma anhela más que ningún otro. Me ha encantado echar un vistazo a la profundidad de la relación de Julie con Jesús. Y me encanta aún más la pureza de este devocional a través de sus meditaciones diarias. ¡Qué hermoso vistazo a la profunda intimidad con Jesús y lo que Él desea para todos nosotros!».

Matt Smith, Pastor de la Experiencia Online, Bent Tree Bible Fellowship

«Fuiste diseñada para adorar. "Levántate, amada mia" encenderá tu pasión por encontrarte con Jesús más plenamente y te inspirará a ser consumida por la plenitud de su amor eterno. Al permanecer con Él en este devocional de 31 días que está profusamente bañado en la sabiduría de las verdades bíblicas, experimentarás la intimidad, el asombro y la gloria que significa adorar a Jesús con un renovado entusiasmo. Julie logra en estas páginas hacer un inspirador llamado a la acción para vivir para Cristo—de la misma forma que su propia vida ha sido modelada tan bellamente—, de manera que puedas compartir la escandalosa gracia de nuestro Salvador a través de un compromiso genuino con los demás. Por lo tanto, pongámonos en marcha, queridas hermanas».

Cindy Brinker Simmons, Miembro de la Junta Directiva de East-West y del Seminario Teológico de Dallas y Autora de «Little Mo's Legacy: Little Mo's Legacy: A Mother's Lessons, A Daughter's Story«

«¡Cae rendida ante la gloriosa riqueza de lo que eres en Cristo! Julie King llama una vez más a las mujeres a abandonarse a la abrumadora maravilla del corazón del Padre. Este es un llamado a caminar más profundo y más alto en tu relación con el Padre Dios, y a ¡conectarte con Su incondicional amor por ti como nunca antes»

Autumn Ross, Cofundadora y Vicepresidenta Ejecutiva de A. Larry Ross Communications

Reconocimientos

«Julie King es una apasionada seguidora de Jesús que ha abrazado la audaz visión de ver a sus hermanas en Cristo libres del temor, el dolor y cualquier otro tipo de ataduras para que puedan levantarse y seguir fervientemente a Jesús. Dios está usando a Julie poderosamente mientras ella convoca a las mujeres a despertarse, pararse en la brecha y abrazar sus respectivos destinos y permitir que Dios las empodere como sal y luz para transformar este mundo tenebroso a través de la luz y el amor de Cristo. Este libro revela el corazón de Julie por sus hermanas en el Señor, las desafía a asumir su valor, llamado y autoridad espiritual a través de los ojos del Padre celestial y, en última instancia, es una voz de aliento que inspira a las mujeres a cumplir ese propósito proclamando el evangelio a las naciones. Mi deseo es que a medida que ores, leas y disfrutes la lectura de este devocionario, seas sobrenaturalmente «transformada a su imagen con una gloria siempre creciente, que proviene del Señor, que es el Espíritu (2 Corintios 3:18)».

Kurt Nelson, Presidente y Director General de East-West

«Julie es un soplo de aire fresco en una cultura que se está volviendo rápidamente menos auténtica y más centrada en la apariencia. Ella inspira a las mujeres a tener una relación profunda y valiente con Jesús a través de su vida, liderazgo y sus expediciones a los confines de la tierra. Con este devocional, Julie te invita a unirte a ella en el increíble viaje de la búsqueda del corazón de Dios. Sus palabras y revelaciones te dejarán impregnada de la persistente y desbordante fragancia de su corazón adorador».

Jenny Erlingsson, Fundadora de Milk & Honey Women y Autora de «Becoming His»

«La pasión de Julie por las Escrituras es sencillamente contagiosa. Creo firmemente que tu amor por Jesús se amplificará con este increíble recurso diseñado para sumergirte en las Escrituras y acercarte al corazón del Padre.»

Kat Armstrong, Predicadora y Cofundadora de Polished Ministries y Autora de «No More Holding Back»

«No me cabe duda que a medida que se estudien y apliquen estos devocionales diarios, el Espíritu Santo soplará vida en el corazón y el espíritu de las lectoras. No he experimentado a Dios de manera tan íntima o poderosa a través de muchos otros escritos, aparte de la Biblia. Prepárate para ser tocada, desafiada, comisionada y elevada a un nivel superior de intimidad y misión con Dios a través de esta íntima travesía de 31 días. Ten la certeza de que serás transformada para siempre».

Mary Ethel Eckard, Cofundadora de Dragonfly Ministries y Autora de «The Making of a Dragonfly, Following Christ Through the Winds of Change»

«Julie ha dominado el arte el ayudar a las personas a moverse hacia un mayor nivel de intimidad con Jesús porque ella misma es la principal aprendiz. Todos somos adoradores por esencia, y sus devocionales son una invitación a tener momentos de intimidad con el Señor en los que las montañas de la vida se muevan y los corazones se moldeen. Claramente las mujeres necesitamos estos momentos para recordar diariamente que llevamos impresa la imagen de Jesús y Su poder restaurador para cambiar cualquier situación de la vida. Él quiere vivir en ti y a través de cada una de nosotras, y anhela desesperadamente tener estas conversaciones íntimamente personales para mostrarnos el cómo».

J. Mitchell Little, Socia, Scheef & Stone, LLP.

«El libro de Julie *Levántate, amada mía* logra en el papel lo que la autora hace en persona. A través del corazón de Jesús y el lente de las Escrituras, Julie logra, con una habilidad genuinamente única, sacar una oración de lo más profundo de nosotras. Regálate 31 días para ser guiada, discipulada y liberada hasta que logres avanzar en el proceso de desbloquear tu vida de oración. Escucha y quédate quieta mientras percibes la apacible voz de Dios hablándote personalmente. Luego da paso al frente y conquista lo que se te ha encomendado».

Mary Jo Pierce, Pastora de Oración e Intercesión en la Iglesia Gateway y Autora del devocionario «Adventures in Prayer: 40 Day Journey» y el libro «Follow Me: An Unending Conversation with Jesus»

«Julie nos lleva en una preciosa travesía a través de su propio tiempo vivido en el lugar secreto. En estos 31 días, el Señor nos devuelve a lo básico, a nuestra razón de ser: adorar y estar en comunión con El Amado. Este devocional tiene la increíble virtud de atraernos cada vez más a su corazón y mostrarnos lo que significa ser amadas íntimamente por un Dios apasionado. Ya sea que te sientas lo más cerca que hayas estado de Él o lo más alejada, prepárate para sentir un

Dedicatoria

Dedico este libro a Michael King, que hace todo lo que está a su alcance para ver a sus hijas elevarse. Has sido el mayor ejemplo de lo que significa dar la vida por otros. Gracias por poner el listón tan alto para nuestras hijas. Te honro y te quiero profundamente.

También dedico este libro a nuestras cuatro hijas guerreras, las cuales corren sin parar detrás de Jesús. Lizzy, Emily, Ann Marie y Grace, deseo que sus vidas sean un punto de ignición para que el poder y la pasión por Dios fluya dentro y a través de cada una de ustedes. Él lo es todo para ustedes, y me siento honrada de correr a su lado hacia la línea de meta: Cristo mismo.

Agradecimiento Especiales

He pasado los últimos años centrada en el honor y el privilegio que significó el haber sido criada por dos padres que respondieron con un «SÍ» rotundo y radical al extravagante llamado de Dios para servirle. Su «SÍ» ha transformado naciones e inspirado a generaciones enteras. Estoy eternamente agradecida por el impacto de su «SÍ» en mi vida y en la de mis hijas. Por siempre los honraré. Mamá y Papá, los amo profundamente.

Quiero agradecer especialmente al liderazgo de *East-West* por creer en el llamado, la identidad y la autoridad del Espíritu para las mujeres en esta hora crucial de la historia. Ustedes creen que las mujeres cambiarán la historia, y respaldan esa creencia. Gracias por invertir la visión, los recursos, el liderazgo y el estímulo para ver a las mujeres cobrar vida por el bien del evangelio.

A las 318 mujeres que valientemente dijeron «SÍ» a un ayuno inicial de un mes de duración. Ciertamente la fe de cada una de ustedes estimuló mi devoción y asombro por un Dios que cumple sus promesas. Lo que Él dice, lo cumple. Ustedes fueron la prueba de ello para mí. En virtud de que todas ustedes dijeron «SÍ», es que este libro cobró vida.

Prólogo

Me encontraba junto a Julie King, a más de 8.000 millas de distancia de casa, mientras ella compartía audazmente el mensaje del evangelio con una pareja de ancianos en una zona remota de las montañas del Himalaya. Después de 28 horas de vuelo, un viaje de 10 horas en coche, e innumerables kilómetros de caminata, habíamos llegado, por fin, a una aldea donde conocimos a una pareja que nunca antes había escuchado acerca del poderoso nombre de Jesús. Julie procedió enseguida a compartirles la historia de Jesús en inglés mientras su mensaje era interpretado por un traductor a un idioma y luego por otro a fin de llevar el mensaje al idioma local que esta pareja podía entender. Mientras la veía compartir, yo oraba en silencio. En ese momento, me invadió una alegría inconmensurable por la bendición que implicaba el poder participar en el ministerio del evangelio con esta querida y aguerrida hermana. Pude ver que su corazón anhelaba que estas dos preciosas personas dijeran «SÍ» a Jesús.

Por la gran gracia de Dios, esta pareja de ancianos profesó su fe en Jesús y oró para recibir a Jesús como su Salvador. La transformación que ocurrió en esos momentos fue realmente significativa, ya que pasaron del reino de las tinieblas al Reino de la luz. Y de pie junto a ellos, Julie brillaba de alegría por la esperanza eterna que estos dos adultos mayores acababan de recibir.

Lo que he llegado a aprender de Julie es que esto no fue sólo una experiencia casual de un viaje misionero, sino que el deseo de que la gente conozca más plenamente a Jesús es su más ferviente y cotidiano de los anhelos. Y es precisamente este anhelo de que tanto la Esposa de Cristo como los no creyentes se acerquen a Jesús lo que sirve de base a su vida y a este maravilloso libro devocional.

Una vida marcada por el evangelio

Al caminar con Julie durante los últimos dos años he sido testigo de la vida de una hermana y amiga que busca ser radicalmente obediente a la dirección de Dios, debido al impacto del evangelio en su vida.

Este estilo de vida comienza con su búsqueda apasionada de Jesús. Julie es alimentada por su tiempo a solas con Dios y en Su Palabra. Ella habla con sabiduría y autoridad como resultado de su profundo y permanente caminar con Jesús. Ella actúa como el Espíritu Santo la guía.

Al mismo tiempo, Julie permite que Jesús la persiga. Ella va ante el Señor con un espíritu abierto, buscando ser refinada, afilada y formada en la mujer que Dios está creando a fin de hacer de ella un instrumento útil para los propósitos de Su Reino.

Julie posee una increíble fe otorgada por Dios. Ella confía de todo corazón en su Salvador y la obra que él lleva a cabo en su propia vida, en las vidas de sus hermanos y hermanas, y entre las naciones. Su creencia en la incesante búsqueda de Dios por su pueblo la impulsa a adentrarse en lo desconocido, y a confiar en la guía del Espíritu Santo para cumplir sus propósitos.

Por último, Julie vive con determinación la Gran Comisión. El mandato de Dios de Mateo 28 de «ir y hacer discípulos» no es recibido por Julie como algo opcional. Ella se alimenta de Dios en Su palabra e intencionalmente discipula a otras mujeres para que también se conviertan en discípulas fervorosas. En respuesta a Hechos 1:8, ella busca ser un testigo desde su Jerusalén hasta los confines de la tierra.

El corazón de Dios para el avivamiento

En la historia de la iglesia, vemos que todos los grandes avivamientos comienzan con un despertar personal. Como dijo Charles Finney, «El avivamiento es una convicción renovada de pecado y arrepentimiento, seguida de un intenso deseo de vivir en obediencia a Dios. Es entregar la propia voluntad al Señor con profunda humildad». En «Levántate, amada mía», Julie nos señala que la clave del corazón de Dios para un reavivamiento personal sostenido, es sometiendo nuestra voluntad completamente a Él y respondiendo a la dirección del Espíritu con una obediencia radical.

Sabemos por la Palabra que nuestro Padre celestial desea que «todos vengan al arrepentimiento (2 Pedro 3:9)». Él desea un reavivamiento global donde todas las naciones lo adoren como Rey, y cuán merecedor es de tal reavivamiento. Lo más asombroso es que el diseño de Dios nos permite —a usted y a mí— ser parte de esta gran obra de reavivamiento. Romanos 10:14-15 habla de nuestro papel: «Ahora bien, ¿cómo invocarán a aquel en quien no han creído? ¿Y cómo creerán en aquel de quien no han oído? ¿Y cómo oirán si no hay quien les predique? Así está escrito: «¡Qué hermoso es recibir al mensajero que trae[a] buenas nuevas!». Nos toca ser mensajeros del evangelio para provocar un nuevo avivamiento entre quienes aún no han experimentado la obra redentora de Dios en sus vidas. Este devocionario nos equipa para unirnos más intencionalmente a la misión de Dios de construir su Iglesia.

Aunque Dios desea utilizarnos para su obra, los resultados no recaen únicamente sobre nuestros hombros. El Espíritu Santo no sólo es nuestro guía, sino también el que realiza la obra de avivamiento en los corazones de aquellos a quienes tratamos de discipular y de los no creyentes. Como dijo Corrie ten Boom: «Tratar de hacer la obra del Señor con tus propias fuerzas es el trabajo más confuso, agotador y tedioso. Pero cuando estás lleno del Espíritu Santo, entonces el ministerio de Jesús simplemente fluye a través de ti». En este libro, Julie nos guía amorosamente para que aprendamos a escuchar la voz del Espíritu y podamos vivir nuestras vidas con el ministerio de Jesús fluyendo como un caudal a través de nosotros.

Mientras leen estas páginas, mis queridas hermanas, mi oración es que encuentren una completa libertad en el profundo amor de Dios por ustedes, para que sean plenamente libres de vivir en sus propósitos para sus vidas. Él las desea a todas. Mi deseo es que se acerquen a estas reflexiones diarias con las manos y el corazónes abiertos, dispuestos a recibir todo lo que Dios tiene reservado para los días venideros. Y mientras se inclinan hacia el corazón de Dios para ustedes, sean audaces y compartan con otros su obra redentora con el mismo tipo de pasión y valentía que mi querida hermana Julie mostró en aquella ladera del Himalaya a más de 8.000 millas de distancia de su casa. Despertemos al avivamiento que Dios busca realizar en y a través de cada una de nuestras vidas.

Kristen Shuler
Amiga y compañera de Evangelio de Julie King
Vicepresidenta Ejecutiva de Desarrollo, East-West

Cómo Usar Este Libro

Cada vez que me disponía a escribir uno de los devocionales, pasaba algún tiempo en adoración. Increíblemente cada canción de adoración encajaba perfectamente con el devocional que correspondía a ese día. Por eso al final de cada devocional verás una canción que puedes encontrar en YouTube. Simplemente escriba el título exacto para encontrarla. Esto le dará el contexto de lo que el Espíritu Santo me mostró que escribiera y preparara para usted ese día. Las dos cosas van de la mano.

A continuación, les ofrezco algunas sugerencias a modo preparación en caso de que decidas acompañar los devocionales de este libro con un tiempo de ayuno. (Si tiene problemas de salud, consulte con un médico antes de comprometerse a un ayuno de 31 días).

- **Ayuno regular** - Abstenerse de todo alimento. La mayoría de las personas beben agua o zumo durante un ayuno regular.
- **Ayuno parcial -** omita una comida específica de su dieta o abstenerse de ciertos tipos de alimentos.
- **Ayuno líquido -** Eliminar los alimentos sólidos, pero permitir el consumo de agua, zumos y caldos.
- **Ayuno total o completo -** No consumir ningún alimento ni bebida.
- **Ayuno de deseos mundanos -** Por ejemplo, dejar el café, los refrescos, las redes sociales, el entretenimiento, etc.

Te recomiendo que utilices las páginas de reflexión insertadas en este libro para que escribas lo que el Espíritu Santo te muestre. Ten a mano tu Biblia, así como aquellas otras traducciones que más te gusten. Recomiendo, además, crear un amplio espacio diario para alejarse y pasar tiempo de intimidad con el Señor. Encuentra un espacio tranquilo en tu casa que esté libre de distracciones. Esto puede significar que tengas que despertarte más temprano de lo normal.

Es posible también que tengas que ir más despacio para establecer un nuevo ritmo. Sigue permaneciendo con el Señor, ministre su corazón, ámelo, y Él aparecerá a medida que su hambre por su presencia se intensifique. Recuerdo que, en algunos de los días, escribí lo que escuché del Espíritu Santo. Por cierto, en algunos de los devocionales, verás las cosas que escribí luego de haber escuchado directamente al Señor hablarme sobre algo en particular. Mi más grande deseo es que usted desarrolle la confianza al saber que Él anhela hablarle. Él es relacional, íntimo y comunicativo, y nosotras estamos entrenadas para reconocer Su voz. Él promete que así será si nos disponemos a escucharlo, (Juan 10:27).

Usa los seis sentidos para encontrarte con Dios. A continuación, te presento algunas formas en las que el Señor puede hablarte por medio de su Espíritu. He adaptado estos pasos del libro de Lana Vawser, «*The Prophetic Voice of God*» (La voz profética de Dios):

1. Él siempre hablará a través de Su Palabra. Él nunca se contradeciría a sí mismo.
2. Él puede aparecer ante nosotras como lo hizo en Hechos 9.
3. Él puede hablar con una voz audible como lo hizo en 1 Samuel.
4. Él habla de una forma pausada y tranquila con una voz interna en nuestros corazones y mentes. (A medida que he ido aprendiendo a escucharlo también he descubierto cuán menudo

descarto Su voz al asumirla como propia por lo familiar que me resultaba sin siquiera reconocerla).
5. La belleza de la creación da testimonio de Dios mismo (Romanos 1:19-20).
6. Él habla a través de visiones y sueños (Números 12:6; Hechos 22:17-18).
7. Él puede hablar a través de impresiones o a través de un conocimiento.
8. El también habla a través de números, símbolos, signos, titulares de periódicos, películas, canciones, circunstancias, libros y otros distintos medios.

Quiero animarte a que escribas todo. Anota los sueños vívidos que tengas por la noche. Si están llenos de color y te despiertas recordándolos con claridad, es probable que sea un sueño de Dios. Anótalo, ponles fechas y trata de rotularlos con un título.

Muchas veces el Señor me ha hablado con números. Durante meses vi las 3:33 en el reloj todos los días. Finalmente le pregunté al Señor qué estaba tratando de decirme. Él respondió: «Jeremías 33:3». **Así que toma nota de la repetición de las cosas, y no las descartes como una simple coincidencia. Esto es crucial.**

En mayo pasado, un pájaro construyó un nido en nuestro enclenque buzón. Como era la primera vez en seis años que esto ocurría, supe que Dios estaba diciéndome algo. Así que busqué en la Palabra, y Él me mostró exactamente lo que estaba tratando de decirme. Esa vez me habló a través de la creación y de las Escrituras.

Ten los ojos bien abiertos, los oídos bien atentos, mira, habla con el Señor y anota las cosas que te vienen a la mente. Si ves una imagen vívida en tu mente o una serie de imágenes que parecen un rollo de película, eso es una visión. Escríbelo y pregúntale al Señor lo que te está mostrando. Aunque te sientas actuando un tanto raro y al azar, no lo descartes; toma nota. Dios te revelará el significado de lo que te está mostrando. Por otro lado, si tu cónyuge o tus hijos comienzan a tener sueños, escríbalos. Sé todo oídos en estos 31 días.

Finalmente quiero decirte que estoy muy agradecida de que me acompañes en esta hermosa travesía. Disfruta el tiempo y el espacio con el Señor. Disfruta Su compañía y regocíjate en Su presencia. Él está a punto de derramar asombro sobre asombro en esta temporada. Él me ha dicho una y otra vez: «¡Jules, no te muevas de tu lugar de alegre expectativa!». Ese mismo consejo te lo transmito a ti.

Aquí vamos...

Contenido

Dedicatoria		vii
Agradecimientos especiales		ix
Prólogo		xi
Cómo Utililzar Este Libro		xv
Introducción		xxi
Día uno:	¿Estás preparada? ¡Aquí vamos!	1
Día dos:	Puedes tenerlo todo	7
Día tres:	Atrayendo Su corazón	13
Día cuatro:	Este momento, ahora mismo	19
Día cinco:	Aquí viene el fuego	25
Día seis:	Trayendo la promesa	31
Día siete:	Adorar hasta que haya una ruptura	37
Día ocho:	Vuelve a mí	43
Día nueve:	Una sola mirada	49
Día diez:	Quiero ver	55
Día once:	Los inflamables	61
Día doce:	Avivamiento y romance	67
Día trece:	¡Ya viene!	73
Día catorce:	Sanidad completa	79
Día quince:	Él es tan bueno	87
Día dieciséis:	Es hora de ascender	95
Día diecisiete:	¡Pasarás al otro lado!	101
Día dieciocho:	Hija mía	109

Día diecinueve:	Su voz y tu voz	119
Día veinte:	¡Veré una victoria!	127
Día veintiuno:	Costará algo	135
Día veintidós:	Su Resurrección ... Su comisión	143
Día veintitrés:	Despierta y levántate	151
Día veinticuatro:	Él será tierno contigo	159
Día veinticinco:	Levántense, nuestras Lidias	167
Día veintiséis:	Deja que tu fe dé testimonio	175
Día veintisiete:	¡Ella se está preparando!	183
Día veintiocho:	Es el momento de ser «reintegrada»	189
Día veintinueve:	El Avivamiento está llegando	197
Día treinta:	Corriendo la carrera	203
Día treinta y uno:	¡Preparadas, listas, ya!	211

Conclusión 221
Sobre la Autora 225
Acerca de East-West 227
Sobre Arise 229
Notas 231
Referencias Bibliográficas 235

Introducción

Es hora de que la Novia se levante; tanto hombres como mujeres, jóvenes y ancianos. Un mundo moribundo está esperando un encuentro con el Dios vivo a través de tu vida y la mía. Mientras me sentaba con el Señor una mañana, esta Escritura cobró vida en mi interior: «El que tiene a la novia es el novio. Pero el amigo del novio, que está a su lado y lo escucha, se llena de alegría cuando oye la voz del novio. Esa es la alegría que me inunda», (Juan 3:29).

Todo en mí deseaba que esa Escritura diera testimonio en mi vida: el que está bien despierto, velando y escuchando por Él. Pero no quería hacerlo sola. Ansiaba que, juntas, presionaramos por un despertar de pasión, adoración y revelación. Sin embargo, fue solo al entrar en una nueva década, que escuché con más certeza la invitación que está en Su corazón para la Novia. Así que sin pensarlo dos veces convoqué a un ayuno, bajo el impulso del Espíritu Santo. El sublime momento ocurrido en Josué 3:5 retumbó en mi espíritu: «Consagraos, porque mañana el Señor hará cosas increíbles entre ustedes».

Aunque tenía el número 200 en mi corazón, creo que el Señor quería que vinieran muchas más. Al inal, conté alrededor de 318 mujeres hambrientas que apartaron el mes de enero de 2020 para adorar, sentarse con Él y obtener un impulso, revelación, sanidad, victoria, libertad, sabiduría y perspicacia. Cada día intenté ser lo más auténtica, vulnerable, íntima y oportuna posible, y les presenté algo de mi propio tiempo con Jesús. Luego de oír al Espíritu Santo hablar a mi espíritu a través de las Escrituras escribía todo lo que iba recibiendo de parte del cielo. Todo lo que recibí en ese tiempo ahora están consignadas entre estas dos portadas. En las páginas que ahora tiene entre sus manos hay 31 momentos signi icativos con mi Padre, mi Jesús y mi amado Espíritu Santo. Son realmente encuentros de adoración, asombro y pasión.

La declaración de la misión de mi vida es ser un canal de pasión y de búsqueda de Jesús por el bien del avivamiento, tanto para Su Novia como para aquellos que todavía no lo conocen. Mi más enorme alegría en esta temporada es, no solo discipular a las mujeres, sino llevarlas a las naciones, que son Su herencia. Mi mayor anhelo es que nos levantemos y vayamos y proclamemos valientemente el evangelio hasta los confines de la tierra, que impartimos y declaremos el maravilloso amor de Cristo a aquellos —¡que son muchísimos!—, que nunca han oído acerca de Su glorioso nombre. Con gran regocijo estoy viendo a las mujeres despertar a un nuevo nivel de amor por Jesús y su corazón por el mundo. Estoy viendo a las mujeres enamorarse de su Esposo y asociarse con todo lo que Él está haciendo en el mundo. Como dice Kris Vallotton, «¡Este es el momento más emocionante para estar vivos!». Estoy plenamente de acuerdo con esta declaración. Hay un cortejo desde la sala del Trono del cielo para ver lo que Él ve y para que nos asociemos con Él con el fin de traer el cielo a la tierra.

Mi oración para estos próximos 31 días es que te sientas embelesada por un nuevo nivel de intimidad y asombro con tu Esposo. Él anhela llevarte a lugares de Su corazón que aún no has atravesado. de tu propia vida.

Él está deseando mostrarte la profundidad de la libertad y la victoria que pagó por ti en la Cruz. Él está esperando revelar los tesoros ocultos que tiene guardados para ti en esta próxima década que, sin lugar a dudas, estimulará un gran avivamiento en y a través. Por lo tanto, mi invitación es a que te sientes a festejar con Él porque hay muchísimas cosas reservadas para Su extraordinaria Novia.

> *«Mi amado me habló y me dijo: «¡Levántate, amada mía; ven conmigo, ¡mujer hermosa!».*
> -Cantar de los Cantares 2:10 NVI

Julie King

DÍA 1

¿ESTÁS PREPARADA? ¡AQUÍ VAMOS!

Jesús nos llama a situarnos con gran expectativa en el umbral de una nueva era. Nos invita a avanzar con fe, visión, esperanza y gran alegría.

> *«Yo dormía, pero mi corazón velaba. Es la voz de mi amado que llama: Ábreme, hermana mía, amiga mía, paloma mía, perfecta mía, Porque mi cabeza está llena de rocío, Mis cabellos de las gotas de la noche»*, Cantares 5:2 RV60 (cursiva agregada)

Este es el más sublime de los romances: es la espera, el cortejo y el llamado que Jesús tiene en esta hora para sus hijas, para su novia. Cuando nosotras respondemos y con gran expectativa le abrimos la puerta le encontramos a Él allí de pie. Él ciertamente anhela abrazar, hablar, revelar, amplificar, expandir, sanar y mover. No hay limitaciones para un encuentro con el Jesús resucitado, pues Él vendrá como lo ha prometido.

Al comenzar estos 31 días de devoción, oración y ayuno, espero que Él prepare tu corazón para lo que viene en los próximos días. Él tiene mucho que decir y mucho que mostrar.

Repite esta oración de consagración:

> Señor, hoy dispongo mi corazón para estar al paso contigo. Confirma tu Palabra mientras caminamos juntos e intimamos durante estos próximos 31 días. Te invito a que te encuentres conmigo para que pueda conocerte, verte y experimentarte de maneras como jamás he oído o visto. Te pido que la duda, la inseguridad, la timidez, el temor y la decepción no tengan raíz en mi búsqueda ni en mi receptividad de ti. Te pido que nazca en mi vida una profundidad de fe e intimidad que asombra y deslumbra. Magnifica tu invitación a la intimidad en mi corazón. Llevame a lugares más profundos en ti, Señor, y dame el valor para atravesarlos contigo. Ahora mismo dispongo cada parte de mi corazón ante ti para que tú la veas. No quiero que nada consuma mi corazón, ni mis deseos, anhelos o pasiones, sino solamente tú, Jesús. Quiero caminar y danzar en estrecha amistad contigo, mi Señor. Te invito a que me lleves a nuevas alturas y nuevas profundidades de revelación e intimidad contigo. Llévame allí, pues estoy dispuesta a seguirte. Por fe, confieso que «¡estoy lista!».

Escucha esta canción de adoración a través de YouTube: «Ready or Not» (listos o no) de Hillsong United en español.

La historia de Leslie

Hace tres años mi corazón comenzó a experimentar una fibrilación *auricular* y aleteo intermitente, haciendo que latiera de forma descontrolada. Siempre ocurría de la nada dejándome asustada e impotente. Entonces busqué a un gran médico con la intención de someterme a dos procedimientos quirúrgicos que le devolvieran la reconfiguración normal a mi corazón. Sin embargo, antes le expresé en oración al Señor por qué lo hacía.

Le dije: «Señor, aún soy demasiado joven, y siempre he sido muy activa y sana. Aún no estoy tan vieja como para convertirme en una socia honoraria de la unidad de cuidados cardíacos». Incluso mi cardiólogo me dijo: «¿Qué hace una chica tan buena como tú en un lugar como éste?». Comencé a buscar seriamente y diligentemente al Señor y a suplicarle por respuestas. Fue entonces cuando Él me reveló que necesitaba reconfigurar mi corazón para que pudiera alinearse con el suyo.

Ahora Él me ha invitado a un lugar espacioso y lleno de asombrosos tesoros, esperanzas y grandes expectativas. Durante este primer día de devocional, me sentí como si estuviera en la cima de una montaña con los brazos abiertos y las manos levantadas en señal de rendición, dándole todo a Aquel que lo llena todo en el todo.

El mero hecho de saber que Jesús «revela cosas profundas y ocultas»[1] enciende mi alma, me estabiliza y me prepara para tener un mes de entrega y confianza. Realmente espero grandes cosas de mi Salvador. Pero también sé que debo estar dispuesta a recibir Sus tesoros mientras me siento, estudio y me comprometo con Él diariamente. Creo firmemente que, si nos comprometemos con Dios, Él nos dará la comisión para expandir nuestros territorios con gracia y favor. Anhelo esta intimidad y un camino de asombro. Y para ello, estoy dispuesta a caer rendida a lo más profundo de su «vida de amor»[2] para mí.

¿Has estado en el desierto vagando sin rumbo, o en un largo tiempo de espera? Entonces ven y únete con nosotras en esta aventura con el Altísimo, el Todopoderoso, el que te adora y anhela profundizar en los deseos de tu corazón. ¿Estás preparada?

Reflexiones

DÍA 2

PUEDES TENERLO TODO

«y fue a ponerse detrás de Jesús, junto a sus pies. La mujer rompió a llorar y con sus lágrimas bañaba los pies de Jesús y los secaba con sus propios cabellos; los besaba también y finalmente derramó sobre ellos el perfume (como en un acto de adoración)» Lucas 7:38, BLP (énfasis añadido)

Lo más costoso que esta mujer tenía fue derramado sobre los pies de Jesús. Lo más valioso para ella, y que probablemente llevaba atado al cuello, fue roto y derramado en los preciosos pies de Jesús. Quizás lo que la impulsó a deshacerse de tan valiosa posesión fue obtener el amor y la aceptación de Jesús, o tal vez lo hizo por el simple hecho de estar cerca de Él. Y aunque sus lágrimas pueden haber sido inicialmente una expresión de anhelo de libertad y sanación, una vez en presencia de Jesús, el ungimiento de sus pies convirtió su anhelo en adoración. La libertad estaba en camino.

Ella no necesitaba conservar su dignidad; sólo necesitaba derramarla sobre Sus pies. No era un desperdicio para ella. Tal vez un sacrificio, pero nunca un desperdicio.

Este es un tiempo de gran invitación a la intimidad con Jesús. Hoy, Él te está cortejando. Tus pasiones se envuelven en Su corazón, completamente abrumada por el amor del Padre. Es un tiempo en el que Jesús está llamando a su Novia a un amor radical, ardiente, lleno de fe, sobrenatural y que lo consume todo por el Esposo.

Toda nuestra vida se derrama a sus pies. Él nos toma, nos envuelve en sí mismo, y pone nuestros corazones en llamas. Es nuestra hora de mayor intimidad con Él.

Creo que el Señor desea que escuchemos:

> Verás y experimentarás niveles más profundos de lo que Yo Soy. No te resistas. No tengas miedo. Soy bondadoso y confiable. Puedes atreverte a ir donde nunca antes has ido. Las cosas del mundo serán consumidas por completo —las búsquedas infructuosas, la fama, la aceptación, la reputación— comenzarán a caer. Lo consumiré todo con lo que Yo soy. Y tú me adorarás en este lugar. Ahora mismo te estoy llevando a nuevos niveles de adoración. ¿Sientes que tu corazón arde dentro de ti? Ese soy Yo. Estoy derritiendo las cosas que no necesitan permanecer por más tiempo. Tomaré tanto como estés dispuesta a darme. Estoy viniendo en fuego y furia, estoy viniendo por Mi novia. He pagado con Mi vida por ella. Estoy liberando una ola de Mi exorbitante amor que te consumirá completamente.

Entonces vivirás y encontrarás un caudal de vida en este lugar... en este lugar de adoración, a Mis pies.

Escucha esta canción de adoración a través de YouTube: «Alabaster Heart» (cover en español) por Bethel Music.

La historia de Katlyn

En el devocional de hoy, me anima el recordatorio de que la libertad está en camino.

Aunque he luchado contra la ansiedad durante la mayor parte de mi vida, en los últimos dos meses se ha intensificado hasta el punto de que algunos días es agobiante. Un día sin pánico es una victoria para mí, pero cada día es una batalla. Siento que Dios me dice que este año será uno de libertad, y estoy confiando en Él.

Al igual que la mujer que ungió los pies de Jesús, me presentaré ante Él con todo lo que tengo. Mientras adoro, Él quemará las cosas dentro de mí que ya no necesitan permanecer. Él pagó con su vida por mí, y a sus pies encuentro la vida.

Reflexiones

DÍA
3

ATRAYENDO SU CORAZÓN

*«María, por su parte, guardaba todas estas cosas en
su corazón y meditaba acerca de ellas»*
-Lucas 2:19

«Pero su madre atesoraba todas estas cosas en su corazón»
-Lucas 2:51b

Antes de que María tuviera la imagen completa, su proceso de atesoramiento ya había comenzado. Quedó cautivada y reflexionó sobre las maravillas de Dios ante sus propios ojos. No parece que tratara de entenderlo. Todo lo que tenía era la palabra de la promesa que se le había dicho. Pero tenía que cumplirla.

María tuvo que elegir creer, por fe, que Dios era verdadero y que Su palabra era digna de confianza. Tenía que cumplir la promesa. Y la declaración de su vida sería: «Nada es imposible para Dios»[3]. Creo que las fibras mismas del corazón de María cambiaron cuando eligió creer en Dios al principio de su historia.

Mientras me sentaba con el Señor, Él puso esta esperanza en mi corazón para ti:

> Una historia está siendo declarada en este momento que está naciendo dentro de ti. En efecto, se está originando a través de una invitación a la intimidad conmigo, de modo que puedas asociarte con Mis propósitos. Si bien la academia es buena, un encuentro conmigo es mucho mejor.
>
> Lo que está siendo liberado en toda la tierra es una invitación, «Ven conmigo». Tengo cosas que mostrarle a Mi precioso pueblo, y tengo lugares a los que quiero llevarlos. Vamos a movernos juntos para que conquistemos lo que está en Mi corazón. Esta será la más gloriosa danza de colaboración. Yo te guiaré, y tú seguirás mis pasos, Mi hermosa Novia. No es tiempo para dudar, analizar o procrastinar. El tiempo es ahora.
>
> Yo restauraré la vida en aquellos lugares desiertos de tu corazón; Mi río correrá a través de la esterilidad. La bondad de Mis promesas habladas a ti en Mi Palabra se cumplirá. Se desbordarán con las delicias de Mi Reino. Las que creen lo verán. Las que tienen hambre de Mí harán un inolvidable festín. He puesto una mesa de banquete ante Mi pueblo en este momento. Quien anhele venir a cenar conmigo se llenará de verdad de todo lo que he preparado

para ellas. Te lo he dicho una y otra vez, estos son días de expectante alegría, y Mi gracia te llevará allí. Mi favor hará que permanezcan allí. Mi fidelidad establecerá lo que nazca de nuestra mutua intimidad y unión.

Deja que esta oración, «Señor quiero *Tu* corazón», se convierta en la plegaria maestra de tus 31 días. Él será fiel para responder; lo prometo.

Escucha esta canción de adoración a través de YouTube: Más cerca «Closer» Bethel /Momento de Adoración /God's Version

La historia de Stacy

He conocido y seguido a Jesús durante 21 años, y a menudo he escuchado a las personas hablar de cómo estaban «enamoradas» de Él. ¿Qué significa eso? Pensé que debería ser evidente que lo amaba por la forma en que hacía mis estudios bíblicos, mencionaba a Dios en una conversación con otros, o servía en varios ministerios en mi iglesia. Pero, para ser honesta, no me sentía «enamorada» de Él. Acaso, ¿era posible «amar» a alguien que no podía ver, abrazar o escuchar?

Durante un viaje misionero a América Latina, me senté en lo que parecía ser la centésima casa de una sola habitación, con suelos de tierra y retretes sin asientos. La mujer latina fue muy amable, nos besó en ambas mejillas, buscó algunas sillas en otra habitación e insistió en que nos sentamos para que nuestra visita fuera más amena y cómoda.

Mientras escuchaba a mi intérprete compartir el evangelio y profundizar en la depravación de la vida sin Jesús, comencé a apartarme de la conversación, consciente de la presencia de mi Señor. Empecé a reflexionar sobre lo mucho que Él ha hecho por mí; lo mucho que se preocupa por mí; lo mucho que ha hecho por todos; en síntesis, lo mucho que se preocupa por todos. Y al igual que en mi momento de salvación, me sentí abrumada por algo que no había sentido antes. Tuve una inexplicable sensación de alegría y no estaba segura de qué se trataba.

Me enamoré de Jesús.

Reflexiones

DÍA

4

Este momento, ahora mismo

«Al sentarse[a] a la mesa con ellos, Jesús tomó pan, y lo bendijo; y partiéndolo, les dio. Entonces les fueron abiertos los ojos y lo reconocieron; pero Él desapareció de la presencia de ellos. Y se dijeron el uno al otro: «¿No ardía nuestro corazón dentro de nosotros mientras nos hablaba en el camino, cuando nos abría[b] las Escrituras?».
-Lucas 24:30-32, NBLA

Había algo en aquel hombre que hacía que la sola presencia y las palabras de Jesús hicieran arder el corazón de los discípulos. Lo sentían, y ninguno de ellos lo supo hasta que Él se había ido. Sus corazones ardientes crearon una comunión en torno a esta realidad. Sus corazones, al unísono, ardían por Jesús. No obstante, todos necesitan este amor común por Jesús para lo que estaba a punto de nacer a través de sus propias vidas.

La Iglesia estaba a punto de ver la luz, y las llamas de fuego que residían en sus corazones se posarían sobre sus cabezas.

Ciertamente, podrían haberse quedado paralizados ante la pérdida de su Salvador, pero en vez de ello, siguieron la revelación que habían visto, conocido y corrieron a contar la buena noticia a los demás discípulos. Tenían algo dentro de sí que pugnaba por salir. Jeremías habló de lo mismo cuando dijo: «Entonces su palabra en mi interior se vuelve un fuego ardiente que me cala hasta los huesos. He hecho todo lo posible por contenerla, pero ya no puedo más».[4]

Esta es la hora en que el Esposo anhela que su Esposa arda de pasión por Él. No debemos quedarnos paralizados por el miedo o la inquietud, sino que debemos correr firmemente con la declaración de su testimonio.

Hace muchos meses, el Señor puso esto en mi corazón para ti:

> Estoy atrayendo a muchas mujeres que tienen una pasión por llevar a Jesús Su herencia: las naciones. Ellas serán mujeres con una visión global del paisaje. Ellas no estarán limitadas por pensamientos pequeños o por la construcción de sus propios reinos. Tendrán un corazón para ver a las mujeres de todas las naciones y de todos los grupos demográficos liberadas por el evangelio como herederas de la promesa—liberación total a causa de la Cruz. Serán un grupo de adoración que anhelarán Mi presencia por encima de cualquier otra cosa. Es en este lugar de intimidad donde estableceré un equipo de construcción del Reino de mujeres maravillosas que me crean para cosas aún más grandes. No se tratará de la edad o la experiencia, sino únicamente del hambre y la visión.

Vivamos esta vida pidiéndole a Jesús que nuestros corazones ardan con una pasión desbordante por Él como jamás hemos experimentado.

Escucha esta canción de adoración a través de YouTube: «Eterno Aleluya» (Endless Alleluia) de Bethel Music español.

La historia de Shirin

La pasión, la intensidad, el corazón, la libertad y la verdad son palabras que hacen resonar el núcleo de mi existencia. Anhelo lugares «muy profundos» de completa honestidad y transparencia, con mi comunidad y con mi relación con el Señor. Este es el tipo de relaciones que lo cuestan todo. Los discípulos sabían que estaban firmando literalmente su certificado de defunción al elegir seguir a Jesús y vivir en este lugar de completa entrega, dependencia y asombro. ¡Oh, sí!, perderlo todo para ganarlo a Él.

He tenido el privilegio de vivir en medio de algunas de las personas más valientes de la tierra. Crecí en Irán antes de la revolución, y me vi obligada a marcharme en 1979 cuando un régimen islámico radical le prometió al país una mayor libertad. Desde entonces, este hermoso país ha sido asolado por las mentiras del islam. Sin embargo, el Señor tendrá, y está teniendo, la última palabra. Irán y su pueblo persa se están enamorando de Jesús de maneras muy tangibles y reales. Miles y miles han elegido seguir a Jesús en la última década, dejando todo —familia, trabajos, amigos, cultura, seguridad, e incluso su patria— para confiar y seguir al Señor—. El fuego arde en sus corazones, y la adoración que sale de ellos tiene el sonido más puro. Mi corazón anhela y late por este tipo de autenticidad. Mi mensaje de corazón es que nosotras, en Occidente, también podemos arder con este tipo de pasión por Jesús.

Este es nuestro momento, nuestro derecho como sus hijas. Es nuestro derecho a tomarla. Este pasaje devocional sobre «el asombro» me refrescó hasta los tuétanos, pues contiene claves para la libertad y la transformación. Me recordó las cosas increíbles que Jesús tiene reservadas para nosotras ahora mismo mientras lo miramos a Él.

1 Corintios 2:9 en *The Passion Translation* lo expresa más o menos de esta manera: «Cosas nunca antes descubiertas u oídas, cosas que van más allá de nuestra capacidad de imaginar: estas son las muchas cosas que Dios tiene reservadas para "todas" sus amantes». (comillas inglesas agregadas para enfatizar)

Persigamos a Dios con pasión, intensidad, libertad y verdad.

Reflexiones

DÍA

5

AQUÍ VIENE EL FUEGO

«...y yo invocaré el nombre del Señor. ¡El que responda con fuego, ese es el Dios verdadero!».
-1 Reyes 18:24b

Hay mucho que disfrutar en esta historia de 1 Reyes 18. Elías había recibido una promesa de Dios: Él enviaría lluvia a una tierra que estaba experimentando una grave sequía. Al Elías amarrarse esta promesa a la cintura, su vida fue conminada a pasar por la mayor prueba de fe de la que dependería su vida. Y aunque el Señor llamó a Elías con la intención de que lo pusiera en evidencia, esto perfectamente hubiera podido haberle costado todo al profeta. Sin embargo, Dios se presentó y encendió un altar lleno de agua, el bien más preciado por aquel entonces. De hecho, el altar rebosaba de agua. El fuego descendió y consumió el altar y también el agua. Ese «corazón» simbólico de la adoración tenía que ser encendido y consumido.

Ahora bien, ¿qué hay en tu corazón con respecto a las promesas de Dios? ¿Qué sabes tú respecto a eso? ¿Te ha hablado Dios en el lugar secreto? Quizás te encuentres al igual que Elías, haciendo alarde de una fe que no tiene sentido racional. Aun así, Dios te ha ordenado que llenes ese altar hasta que rebose de agua porque desea encenderlo con Su presencia, poder, bondad y fidelidad. Cuando la locura de la fe se convierte en adoración, entonces se libera el cumplimiento de la promesa.

Aunque hablaremos del cumplimiento de la promesa el día 6, lo primero es lo primero: el altar de tu corazón. Acaso, ¿estás pidiendo a gritos que Dios tome ese mismo sacrificio y lo haga arder? Él ciertamente viene a encender nuestras vidas con un fuego de pasión como nunca hemos experimentado, si simplemente le damos permiso.

Creo que el Señor desea que escuchemos lo siguiente:

> Deseo encender un fuego en mi pueblo. A los que estén dispuestos a subir al altar del sacrificio del Señor, los encenderé con una llama de fuego. Consumiré todo lo que Mi pueblo esté dispuesto a darme. Incluso si es sólo un momento o una pulgada o si es todo, vendré y consumiré. Yo lo alcanzaré; yo lo cubriré con Mi sombra. Daré a conocer Mi poder y bondad en dimensiones como nunca han visto o experimentado. Nuevas profundidades, nuevas alturas, y dimensiones sobrenaturales de Mi amor y poder serán sentidas, captadas y experimentadas. Valles de adoración y hazañas portentosas explotarán desde lo más profundo de Mi corazón. Vendré y lo llenaré todo, como lo prometí.

> ¿Te atreverías a abrir tus manos y entregarme los mayores deseos, pasiones y tesoros de tu vida? ¿Te

atreverías a poner ante Mí tus sueños, tesoros, planes, expectativas o incluso tus decepciones? Quiero venir y consumir todo ello. Quiero hacer de tu vida un punto de ignición a partir de Mi bondad y Mi gloria.

¿No sabes, acaso, que puedo expandir las mismas cosas que crees que necesitas y deseas? ¿Sabes que Yo soy el Dios de la abundancia, y que estas mismas cosas nacieron en Mi corazón para ti antes de que el mundo fuera creado? Atrévete a encontrarte conmigo y adorarme solo a Mí. Vamos, quiero llevarte a nuevas alturas, a nuevas profundidades, y nuevos lugares en Mí. ¿Estás preparada?

Escucha esta canción de adoración a través de YouTube: «Insaciable» de Minor Ceciliano.

La historia de Dedra

El mensaje y la canción del Día 5 son demasiado poderosos. Me siento como si hubiera estado solo viviendo en una monotonía. He estado espiritualmente adormecida. He estado luchando para superar el abuso físico y emocional de mi padre y el abuso sexual de otro hombre cuando era adolescente.

Cuando conté mi historia en la adolescencia, me culparon a mí. En ese momento, sabía que nadie me respaldaba. Mi casa no era un lugar seguro. Aprendí que todo tenía que parecer perfecto. Necesitaba ser perfecta. Treinta años después, tengo culpa, vergüenza y miedo, y estoy rota. He pasado años trabajando en el ministerio llevando una máscara, sin dejar que la gente pase de cierto punto.

Entonces la canción «Insaciable» me atrapó. Soy cantante, así que la música me habla de una manera que las palabras no pueden. Lo quiero todo. Quiero ese fuego. Quiero dejar todo el dolor, las heridas y los quebrantos. Quiero entregarle todo a Él. Debo superar el miedo. He vivido con esto durante tanto tiempo que no sé quién soy sin Él. Pero sé que quiero ser una mejor esposa para mi marido y una mejor madre para mis hijos. Llevo demasiado tiempo escondiéndome.

Reflexiones

DÍA 6

TRAYENDO LA PROMESA

«Entonces Elías dijo a Acab: Sube, come y bebe; porque una lluvia grande se oye. Acab subió a comer y a beber. Y Elías subió a la cumbre del Carmelo, y postrándose en tierra, puso su rostro entre las rodillas. Y dijo a su criado: Sube ahora, y mira hacia el mar. Y él subió, y miró, y dijo: No hay nada. Y él le volvió a decir: Vuelve siete veces. A la séptima vez dijo: "Yo veo una pequeña nube como la palma de la mano de un hombre, que sube del mar. Y él dijo: Ve, y di a Acab: Unce tu carro y desciende, para que la lluvia no te ataje. Y aconteció, estando en esto, que los cielos se oscurecieron con nubes y viento, y hubo una gran lluvia. Y subiendo Acab, vino a Jezreel. Y la mano de Jehová estuvo sobre Elías, el cual ciñó sus lomos, y corrió delante de Acab hasta llegar a Jezreel».
-1 Reyes 18:41-46

La locura de la fe se convierte en adoración que libera el cumplimiento de la promesa.

Antes de que Elías escuchara el sonido de la lluvia, le declaró a Acab que la lluvia llegaría. Acto seguido, Elías subió a la cima de la montaña y se colocó en posición de parto. La posición de su cuerpo y su corazón no se moverían hasta que viera el cumplimiento de la promesa. No dejó de esperar. No dejó de buscar. Tampoco dejó de dar a luz la fe en la promesa. Cuando miró por séptima vez, su siervo vio una nube diminuta en la distancia. Eso fue todo lo que necesitó para que corriera con fe.

No debes dejar de creer en Dios a la sexta vez de estar esperando y orando. Dios te pide que te mantengas en posición de intercesión para que se logre el avance. Si conoces la palabra del Señor en tu corazón, entonces te aferras, te mantienes enfocada y continúas adorando hasta que la promesa se cumpla.

Primero se posiciona el altar de tu corazón y luego cae el fuego de Dios. No queda nada de este mundo, sino todo tu ser consumido por Él y para Él. Entonces el cumplimiento de la promesa no es sólo para ti, sino para las naciones y las generaciones posteriores.

Mi oración para ti esta mañana:

> Fuego de Dios, cae, enciende y consúmenos. Hoy te pido una unción de fe para creer en Ti y para que la promesa se cumpla. Pero, Señor, ayúdanos a no centrarnos en el cumplimiento solamente, sino en Aquel que otorga las promesas. Haz que nuestros ojos y nuestros corazones se centren en Ti.

Te pido que nos lleves a la cima de la montaña este mes y derrames una fe radical para ver lo que Tú ves. Haznos esperar hasta que el cielo caiga sobre nuestras familias, ciudades, nación y el mundo en general.

Llevemos la llama del Espíritu Santo a cada lugar que toquen nuestros pies. En el nombre de Jesús. Amén.

Escucha esta canción de adoración a través de YouTube: «Heaven Fall» de Cody Carnes (sub español).

La historia de Patrice

Al inicio de los 31 días de devoción y ayuno, presenté tres oraciones específicas ante el Señor. Si bien no eran necesariamente oraciones nuevas, mi enfoque e intención eran ahora más profundos porque ahora no sólo estaba orando; estaba uniendo mis oraciones con el ayuno.

Inmediatamente me sentí oprimida. Cuanto más intensamente oraba, más dudas y frustraciones nublaban mi mente, lo que provocaba roces con mi marido y mis hijos. Entonces le pregunté al Señor, en voz alta, que si para lo único que me habían puesto en la tierra era para orar por mi familia y no para verle aparecer y responder a ninguna de mis oraciones.

Después de exponer esos sentimientos ante mi Padre, leí el Día 6 sobre Elías esperando la lluvia. El Señor abrió los ojos de mi corazón para ver la expectativa que Elías tenía, incluso antes de que se formara una insignificante nube en el cielo. La realidad es que nadie oyó la lluvia ni los truenos, porque no había ni siquiera una sola nube. Elías envió a su siervo durante siete veces distintas a mirar sobre el mar para que le informara sobre cualquier novedad en el firmamento. Todo el tiempo, Elías permaneció «inclinado hacia el suelo y con su rostro entre sus rodillas».[6] Elías oró con ferviente expectativa porque el Señor puso en su corazón la promesa de que llovería. Elías no cejaría hasta que la lluvia llegara.

Mientras leía, el Señor me reprendió para que dejara de refunfuñar sobre cómo y cuándo Él responde a mis oraciones. Entendí que debo posicionarme como Elías con humildad y expectativa de que la respuesta llegará. El avance viene. La claridad está llegando. Sus promesas se están cumpliendo.

En su escrito, Julie dijo algo interesante: «Dios te pide que te mantengas en posición de intercesión para el avance». Eso fue exactamente lo que hice. Me mantuve en posición. Me recordé a mí misma una y otra vez a quién estaba orando.

Los 31 días de ayuno han replanteado para siempre mi postura en la oración y han revivido el llamado bíblico al ayuno que falta en la iglesia estadounidense de hoy. Dios libera su poder sobrenatural cuando oramos y ayunamos.

Reflexiones

DÍA 7

ADORAR HASTA QUE HAYA UNA RUPTURA

«A eso de la medianoche, Pablo y Silas se pusieron a orar y a cantar himnos a Dios, y los otros presos los escuchaban. De repente se produjo un terremoto tan fuerte que la cárcel se estremeció hasta sus cimientos. Al instante se abrieron todas las puertas y a los presos se les soltaron las cadenas».
-Hechos 16:25-26

Todo en este momento fue sobrenatural.

No puedes cantar alabanzas a Dios cuando no tienes ningún motivo para hacerlo, o cuando de forma particular te enfrentas a la brutalidad del dolor y el encarcelamiento. Eso solo es posible como un acto sobrenatural. La alabanza que brota en circunstancias brutales, en el sufrimiento, en la angustia y en la pérdida es la respuesta sobrenatural de lo que sacas de tu interior.

Los prisioneros y los muros del presidio escucharon un nuevo sonido, uno que probablemente nunca habían oído. Entonces, cuando la atmósfera se saturó de adoración, los cimientos del lugar comenzaron a temblar. Las puertas de la cárcel se abrieron y las cadenas de todos los presos se cayeron. Fue un momento milagroso de libertad sublime para todos aquellos que no tenían ninguna esperanza posible de libertad.

Pero Dios...

La adoración precedió a la ruptura. La adoración y la declaración de alabanzas a Aquel que podía liberarlos en ese momento y para toda la eternidad, es lo que desató todo. Y si lees el resto de la historia, verás que muchos encontraron la salvación en Cristo ese día.

Increíblemente Dios te libera para que otros puedan recibir la libertad. Oh, ese es el glorioso poder del evangelio.

Al presionar en el corazón de Dios este mes, ¿estás leyendo estas palabras anhelando y orando y creyendo por un avance? Recuerda, tu mayor posición es la adoración.

Si realmente esperas un avance, entonces debes aprender a batallar en fe. Debes entender que cuando el enemigo roba tu capacidad de creer en la bondad de Dios, dejas de sostenerte y dejas de estar cimentada en el carácter inquebrantable e inmutable de Dios. Tu adoración debe ser más fuerte y tus declaraciones más contundentes, incluso con lágrimas en tu rostro. Así que no te muevas de tu lugar de adoración hasta que el suelo tiemble, las puertas se abran y las cadenas se caigan. La adoración es tu victoria, y el Vencedor se lo merece todo.

Creo que este es el corazón y la esperanza de Jesús para nosotras hoy:

> Hijas mías, muchas de ustedes se están lamentando con dolor por las oraciones no respondidas. Aunque

muchas personas se han aferrado al avance durante la noche y el amanecer, este todavía no ha llegado. ¿No soy fiel y verdadero? ¿No soy Yo quien ha prometido una alianza eterna de mi bondad con ustedes? Necesito que hoy permanezcas con tu mirada puesta solamente en Mí. Que tu adoración hacia Mí se haga más fuerte. Deja que la convicción se eleve en ti hoy mientras te unjo con una fe aún mayor para confiar y seguirme. Yo seré fiel y verdadero para ti hasta el final. No debes dudar, vacilar o cuestionar. Sólo permanece conmigo un rato más. Permanece aquí en íntima adoración. Vendré y revelaré todo lo que hay en Mi corazón para ti en estos días de espera y adoración. Verás la mano y el poder del Señor para rescatar, salvar, sanar y restaurar, ¡porque eso es lo que Yo soy!

Escucha esta canción de adoración a través de YouTube: «Praise Before My Breakthrough» por Jesus Culture, letra en español.

La historia de Janie

Soy una mujer de 63 años, llena del Espíritu de Dios.

A menudo digo esto en voz alta para recordarme quién es la persona que Dios diseñó para mí. Y me recuerda quién no soy cuando el enemigo habla mentiras a mi corazón. El poder, la fuerza y la confianza surgen en mí cuando lo declaro audiblemente. Reclamo mi edad en la declaración porque he ganado sabiduría y cicatrices en la batalla. Jesús en mí siempre será más grande que cualquier cosa que Satanás me lance. Elijo presumir de eso.

Sí. Cuando me desanimo, entonces aumentó mi adoración y la usó como un arma. No puedo escuchar las mentiras de Satanás cuando estoy cantando en voz alta sobre mi Jesús o invitando al Espíritu Santo a venir sobre mí. Mi corazón y mi rostro no pueden estar abatidos cuando mi glorioso Dios es el objeto supremo de mi adoración. El amor, la alegría y la paz inundan mi alma.

Así que, adoren, amigas mías. Adoren como lo hizo David cuando danzó ante el Señor con todas sus fuerzas.[7] Adoren y vean cómo el enemigo se desvanece.

> *«Con tu apoyo me lanzaré contra un ejército; contigo,*
> *Dios mío, podré asaltar murallas».*
> -Salmo 18:29

Reflexiones

DÍA 8

VUELVE A MÍ

«Sin embargo, hay algo malo en ti: ¡Ya no me amas como al principio!», Apocalipsis 2:4 NBV

Recuerdo una temporada de mi caminar con Jesús en la que hice todas las «cosas correctas», pero sin el fuego y la pasión que una vez tuve por mi Señor. Fue entonces cuando Él me llevó gentil y misericordiosamente a esta escritura y me invitó a volver al amor y a la intimidad que había conocido antes de que las ocupaciones y los cuidados del mundo lo ahogaran. Sus manos y brazos estaban completamente abiertos para mí. No estaban cruzados en señal de desaprobación.

Muchas de nosotras nos imaginamos al Señor sentado en una silla giratoria esperando a darnos la espalda en señal de decepción. Él, sin embargo, no hace eso. Su decepción fue pagada en la cruz.

No hay nada más asombroso que Su inquebrantable amor por nosotras; un amor que no conoce la desaprobación o la decepción. Es un amor que corteja; un amor implacable. Y, hoy, Él quiere invitarte a tener un nuevo viaje hacia su corazón. Este es el mes que has consagrado para Él; un mes de honestidad y revelación.

¿Sientes que hay algo en tus expectativas respecto a Él que eclipsan el amor que le tienes? ¿Alguna decepción? ¿Acaso es una adicción al mucho ajetreo? ¿Hay alguna otra relación que está ocupando el lugar de adoración que, se supone, deberías rendirle solo a Él?

Te invito a venir ante Él con honestidad; Él ya lo sabe. No hay condenación para los que están en Cristo Jesús.[8] Deja que Él te corteje para tener una discusión cara a cara, y deja que derrame sobre ti el amor apasionado que una vez le tuviste. Esta es una oportunidad para el creyente. Es indudable que puedes volver a despertar el amor que encontraste cuando creíste por primera vez. Eso es lo que Él está haciendo con y a través de Su Novia en este momento. Esta es tu temporada de preparación nupcial con Jesús.

Creo que Dios desea que sepas esto hoy:

> Oh, que Mi pueblo no sólo conozca la abundancia de todo lo que tengo para ellos, sino de todo lo que deseo ser para ellos. Ellos buscan y buscan las cosas de este mundo queriendo llenar el único lugar que solo Yo puedo llenar. Oh, cuánto deseo que Mi pueblo sea marcado por la abundancia de lo que Yo Soy. Si ellos tan sólo creyeran mis palabras. Yo les ofrezco Mi bondad sin restricciones. Todo lo que tengo es de ustedes. Todo les pertenece.

Esta es tu herencia legítima y legal en Mi Reino. Esto es legítimamente tuyo, hija mía. Y nada te lo usurpará. Tú eres Mi hija, y si lo pides —pide Mis imposibles— lo haré.

Ora y cree desde la abundancia de Mi Reino. Ora y espera como una hija. No hay temor cuando te acercas a Mí. No existe tal cosa como ganarse Mi favor. Ya lo tienes, sencillamente porque el favor de ser Mi hija es tu identidad y posición. Ni siquiera te imaginas la realeza y la oportunidad de esta adopción divina. Pero Yo te lo voy a mostrar. Vas a ver Mi prodiga bondad en ti. Aférrate a la verdad y ponte en un lugar de fe donde puedas reflexionar y atesorar Mi palabra. Ábreme tu corazón hoy y déjame poseerlo por completo.

Escucha esta canción de adoración a través de YouTube: «Nada más», por Ayrton Day.

La historia de Judy

Nací en una familia caótica, alcohólica y rota, y me crié en una tradición de fe que se centraba más en los rituales religiosos y la superstición que en una relación personal con Jesucristo. Pasé mis tiernos 20 años persiguiendo una carrera y esperando conocer a un gran hombre. Era una «reparadora» crónica de hombres rotos, esperando cambiarlos para poder ser amada. Después de terminar finalmente una larga relación y emocionalmente abusiva, le pedí al Señor que me perdonara y me salvara del desastre que tocaba a la puerta de mi vida. Él me puso en un sendero de por vida para que retornara a Él a través del aprendizaje de las Escrituras y el crecer en mi relación con Jesús.

En el momento de escribir esto, tengo 62 años. He aprendido que Dios siempre ha estado conmigo en todas las etapas de mi vida; es decir, mientras crecía en una familia rota y disfuncional, o cuando experimentaba la infertilidad por medio de una serie de abortos espontáneos y desgarradores que me aislaban en el más cruel desespero, o cuando sufrí la muerte de algunos miembros de la familia y de amigos muy queridos. Dios también estuvo conmigo en las alegrías y en las penas de criar a tres hijos. También estuvo durante los casi 30 años que permanecí amando al mismo hombre. Puedo declarar, sin dudarlo, que Dios es mi Sustentador, mi Refugio, mi Ayuda pertinente en tiempos de dolor y necesidad.

El verso culmen de mi vida se ha convertido en:

> «Y sabemos que en todas las cosas Dios obra para el bien de los que le aman, de los que han sido llamados según su propósito» Romanos 8:28.

Dios ha utilizado mi dolor y mi sufrimiento para ablandar mi corazón en pos de los que sufren. Me apasiona servir al Señor a través de mi iglesia y de un ministerio local para personas sin hogar, donde administro la despensa de alimentos y superviso varios eventos.

A través del dolor y la pérdida, aprendí el significado de la fe. Confío en el Señor para mi salvación eterna y actual. Aunque a veces cuestione los giros inesperados del camino, confío en Él. He aprendido a aceptar el sufrimiento por fe, porque sé que Él lo redimirá para mi mayor bienestar. Aquel a quien más necesito está siempre a una oración susurrada de distancia.

Reflexiones

DÍA 9

UNA SOLA MIRADA

«porque decía dentro de sí: Si tocare solamente su manto, seré salva. Pero Jesús, volviéndose y mirándola, dijo: Ten ánimo, hija; tu fe te ha salvado. Y la mujer fue salva desde aquella hora».
-Mateo 9:21-22

En un momento, la fe de esta mujer chocó con la compasión de Jesús, haciendo que el ímpetu de Su poder se liberara a favor de su sanidad. Él la vio entre una gran multitud de personas. A pesar de haber sido avergonzada y ridiculizada durante toda su aflicción, y de ser una paria durante 12 años, fue liberada inmediatamente.

Me encanta que Jesús simplemente se volvió y la vio. La miró y literalmente todo cambió. Delante de todos, la honró con un título que nunca vimos que Jesús le diera a nadie más: la llamó hija.

Su vida, su identidad, su cuerpo, su vergüenza, su dolencia y su rechazo cambiaron en un solo instante, sólo porque Jesús la miró y respondió a la fe que brotaba de su interior. Todo por un anhelo de un toque de Jesús, su vida misma fue liberada.

Conocimos esta misma realidad bíblica desde el primer momento que llegamos a Jesús. Literalmente, todo cambió para nosotras por toda la eternidad. Sin embargo, Él no sólo murió para que conociéramos la libertad, sanidad, restauración y la esperanza únicamente en el momento en que llegáramos al cielo. Él murió para que estas mismas cosas fueran nuestra realidad a partir de ahora mismo. Murió para que esta misma realidad naciera en nuestras vidas al encontrarnos con aquellos que necesitan desesperadamente conocer a Jesús.

Más de 3 mil millones de personas aún no han escuchado Su precioso nombre. Eso significa que 3 mil millones necesitan la salvación, la esperanza, la sanidad y la libertad de Jesús hoy.

A medida que avanzamos en este mes, quiero recordarte esta realidad siempre presente, para que puedas empezar a preguntarle a Jesús por lo que Él te está pidiendo. Quiero animarte a preguntarle si Él tiene asignaciones o naciones que desea que lleves en tu corazón.

¿Quiere Él aumentar y ungirte con dones para esta próxima temporada? ¿Hay un manto de mayor autoridad en el que Él quiere que camines por Su nombre? ¿Le pedirás que te llame a interceder por lo que sea que Él está dando a luz en tu espíritu?

Nuestro máximo deseo debe ser querer ver los que Él ve. Debemos desear ser transformadas por lo que Jesús vislumbra, de modo que podamos ofrecer respuestas a un mundo que se muere por un encuentro con el Cristo vivo.

Con las manos extendidas, pídele que hable en torno a las preguntas anteriores y toma nota de lo que te dice.

Señor, hoy necesito que veas los lugares de mi vida que necesitan un toque especial tuyo. Pero también quiero ser un recipiente del poder y la bondad de Dios para otros. Te pido que unjas mi vida con una nueva visión y propósito. Háblame, Señor. Hoy dispongo mi corazón para escucharte. En el nombre de Jesús.

Escucha esta canción de adoración a través de YouTube: «Hermoso Dios» (Feat. Edward Rivera & Karen Espinosa) Maverick City Music TRIBL

La historia de Annie

Mudarme de casa fue una de las experiencias más desafiantes y bruscas de mi vida. Durante 18 años, viví bajo la comodidad y la seguridad que me ofrecía mi familia y mi entorno familiar. Entonces, un día empaqué mi vida y me mudé a la universidad. Las dos primeras semanas lloré hasta quedarme dormida porque estaba triste por este cambio tan rotundo. Mi vida en casa era buena, segura y tenía todo lo que necesitaba.

Durante un tiempo, odié la universidad. Me despertaba cada mañana preguntando: «Dios, ¿por qué estoy aquí? ¿Por qué me haces esto?». Me hundí más y más en una tristeza que no podía controlar. Me sentía infinitamente sola, como si fuera yo sola contra el mundo.

Un domingo en la iglesia, clamé a Dios para que me mostrara una visión de lo que estaba haciendo. El pastor habló de la visión de la iglesia y de lo que veía para la ciudad. Dijo: «No importa dónde estés, si te aferras a Jesús, Él transformará tu vida». Una ola de paz me invadió. Estaba allí, no para estar solo en un lugar nuevo, sino porque Jesús necesitaba que estuviera allí. Debía ser una luz que brillará para Jesús ante mis nuevos amigos, las aulas de clases y en todo el campus de la universidad. Era el momento de secar mis lágrimas y concentrarme en Su Reino. Después de la iglesia, me senté en mi auto y alabé a Jesús diciendo: «Señor, te doy mis manos; úsalas y ayúdame a confiar en ti estos próximos cuatro años».

Yo era parte del plan más grande de Dios, pero simplemente no podía entenderlo. Aunque todavía había momentos de duda, sabía que estaba donde se suponía que debía estar, y por primera vez, me sentía emocionada.

Reflexiones

DÍA
10

QUIERO VER

«Él les dijo: Lo que es imposible para los hombres, es posible para Dios».
-Lucas 18:27

«Jesús entonces, deteniéndose, mandó traerle a su presencia; y cuando llegó, le preguntó, diciendo: ¿Qué quieres que te haga? Y él dijo: Señor, que reciba la vista. Jesús le dijo: Recíbela, tu fe te ha salvado. Y luego vio, y le seguía, glorificando a Dios; y todo el pueblo, cuando vio aquello, dio alabanza a Dios».
-Lucas 18:40-43

El Señor es experto en imposibles. Es lo que Él es y lo que hace.

Hoy, clama a Él, «Señor, quiero verte mover en la imposibilidad. No quiero que mi fe se quede en lo que creo que es posible o en lo que he visto antes o en lo que puedo imaginar. Quiero ver lo sobrenatural en niveles totalmente nuevos. Pido un depósito de fe radical para encontrarte, Jesús, en un espacio que jamás he visto. No quiero sentarme al borde del camino, mendigando y esperando. Quiero estar en medio de todo lo que estás haciendo en la tierra. Señor, quiero ver con claridad. Quiero ver proféticamente. Quiero ver proféticamente por mi familia, mi trabajo, mi ministerio. Quiero verte caminar por los recovecos, espacios y momentos profundos de mi vida. Quiero verte vivo y activo. Abre mis ojos para verte hoy».

Creo que el Espíritu Santo desea que escuchemos estas palabras:

> El hombre se sentó a mendigar porque todos lo habían abandonado. Tenía que mendigar para sobrevivir. Mis hijas, en cambio, no necesitan mendigar, ni sentarse al borde del camino a esperar que Yo pasé frente a ellas. Necesito que conozcan el acceso que tienen a Mí como hijas, no como mendigas o huérfanas. Todo lo mío es accesible para ustedes. Anhelo que vengan a Mí, creyendo que Yo estoy disponible para mis amadas. Creo que muchas de ustedes tienen miedo de ser decepcionadas o temen que no les responda como sus corazones desean. Y Yo digo: «Confía en Mí».

> Vengan a Mi y dejen que Yo les dé nuevos ojos para ver. Quiero derramar avivamiento en los corazones de Mis hijas. Quiero que me vean realmente por lo que soy. Quiero darles una visión fina y unos oídos agudos. Algunas de ustedes han ido perdiendo la costumbre de escuchar Mi voz. Pero Yo les ayudaré a escucharme en esta nueva temporada. Estoy usando estos 31 días para despertar un deseo profundo por Mí. Llenaré cubas con aceite nuevo y ungiré a Mis hijas en el

lugar secreto para que anhelen a su Esposo. Lo estoy haciendo, así que recíbelo ahora.

Escucha esta canción de adoración a través de YouTube: «Al mirarte a ti» Majo & Dan Bethel Music, God I Look To You en Español

La historia de Lisa

El Señor es el rey de los imposibles. Nombre sobre todos los nombres es mi nombre especial para Dios—el nombre desconocido que no ha sido profanado—. El Señor me ha mostrado que este nombre está por encima de todo lo que puede ser nombrado. Este Nombre sobre todo Nombre está por encima de todo cáncer, divorcio, bancarrota o temor. También es el nombre que está por encima de todas las cosas buenas como casas, vacaciones, coches, etc. Es más grande que todo lo que podamos buscar. Él es el Señor de todo, el Nombre por encima de todo, el Rey de Reyes, el Jefe y Dios Supremo.

Que todo lo que hay en mí alabe Tu Nombre, oh Señor. Que Tu paz reine sobre mí en todas las situaciones.

> *Señor, Tú estás por encima de todo cáncer.*
> *Señor, Tú estás por encima de toda epilepsia.*
> *Señor, Tú estás por encima de todas las familias.*
> *Señor, Tú estás por encima de todo lo que se puede nombrar.*

Señor, hoy puedo confiar en Ti sin importar la tormenta. Puedo confiarte todo mi corazón y mi mente y apoyarme en tu comprensión, que es mucho más infinita que la mía.

Reflexiones

DÍA 11

LOS INFLAMABLES

> *«Cuando llegó el día de Pentecostés, estaban todos juntos en el mismo lugar. De repente, vino del cielo un ruido como el de una violenta ráfaga de viento y llenó toda la casa donde estaban reunidos. Se les aparecieron entonces unas lenguas como de fuego que se repartieron y se posaron sobre cada uno de ellos. Todos fueron llenos del Espíritu Santo y comenzaron a hablar en diferentes lenguas, según el Espíritu les concedía expresarse».*
> -Hechos 2:1-4

Pentecostés era también conocido como la Fiesta de la Cosecha, nombre que no podía ser más perfecto para el nacimiento de la iglesia. Fue un momento decisivo para estos creyentes y el marcador de toda la historia. Estos «inflamables» fueron incendiados y enviados a tomar el mundo por asalto con la poderosa demostración y proclamación del evangelio.

Allí estaban en el aposento alto, compartiendo juntos su espera, expectación, obediencia, oración y pasión. De repente, un viento recio llenó todo el aposento. La traducción de la palabra «viento» es la misma para Espíritu. El Espíritu Santo vino con un rugido y lo que seguido fue poderoso. De repente, Dios se movió. Aunque podían oírlo, nadie podía verlo. De repente, la vida parecía muy diferente para esta infantil y primigenia iglesia.

Lenguas de fuego se posaron sobre cada uno. La idea detrás del fuego es la purificación. Un refinador siempre utiliza el fuego para purificar un objeto y quemar lo que no se necesita. Este momento fue tanto un llenado como una purificación.

Como dice David Guzik, «La experiencia de los seguidores de Jesús en Pentecostés es otro ejemplo de Dios enviando fuego desde el cielo para mostrar su complacencia y poder, pero esta vez, descendió sobre sacrificios vivos», (Romanos 12:1).

Esto contrasta diametralmente con los sacrificios hechos en el Antiguo Testamento en los que Dios encendía con su propio fuego sacrificios que ya habían sido sacrificados.

Estos hambrientos estaban listos. El Señor me dijo: «Eso es porque eran Mis inflamables». Es decir, ya estaban listos para que fueran encendidos y ardieran para Su gloria y propósito. No tenían nada mejor que esperar a que Él viniera y los llenará de poder y los enviará. Es indudable que Dios anhela encontrarnos con la misma pasión y sentido de urgencia.

Hoy el Espíritu reside en nosotros y desea descansar sobre nosotros.

Ahora te invito a que te hagas estas preguntas: ¿Atrae mi vida la presencia de Dios? ¿Soy una persona a la que Él puede mirar como un lugar digno de descanso para Sí? ¿Tiene mi vida espacio para que Él venga, se siente y permanezca en ella?

A continuación, esta es mi oración para ti:

> Señor, te agradezco por el ejemplo de aquellos que esperaban su refinamiento y su empoderamiento. Gracias por habitar en nosotros con Tu Espíritu.
>
> Te pido que la vida de quien lea estas palabras sea un imán para Tu presencia. Ven y descansa en ella como lo hiciste en el aposento alto o cuando te cerniste sobre el espacio vacío del Génesis y soplaste hálito de vida.
>
> Te pido una nueva unción de llamado y poder respecto a todo lo que tienes para ella en esta temporada, ¡en el Nombre de Jesús! Tú estás rugiendo desde el cielo en nombre de tu preciosa iglesia. Libérala para que corra, ardiendo con el fuego de Dios.
>
> Declara ahora, aliento divino, en aquellos lugares que necesitan comprensión, revelación y nueva vida para la que lee estas palabras.

Escucha esta canción de adoración a través de YouTube: «Refíname» Amistad Música (Refiner en español cover) Maverick City Music

La historia de Sue

He vivido 60 años y nunca he compartido el evangelio. No es una afirmación que me guste declarar, aunque sea cierta. También es cierto que he vivido la mayor parte de mi vida cristiana en la periferia. Tenía la actitud de que Dios no podía usarme, que estaba demasiado rota, que no era lo suficientemente inteligente o que no había estudiado lo suficiente.

El año pasado, sin embargo, Dios me dijo que diera un paso en la fe y que Él me encontraría. Decidí unirme a un viaje misionero. Durante el periplo, experimenté la entrega y el poder del Espíritu Santo. De un momento a otro comencé a ver cómo Dios estaba trabajando a través de mí, de Sus palabras, Su pasión y cómo Su amor estaba ardiendo dentro de mí por aquellos que Él ama alrededor del mundo.

En el devocional de hoy, Julie escribió sobre el Pentecostés, la Fiesta de la Cosecha, y los «inflamables». Al leer estas palabras, me di cuenta de que yo también me había convertido en una inflamable. Ahora estoy lista para ser encendida e inflamada para Su gloria y propósitos. Estoy a la espera de que Dios me diga a dónde ir, y a quién hablarle. Mientras miro a través de Sus ojos, le preguntó: «¿En qué dirección, Señor?». Ya no soy una marginal que se apresta para entrar al recogimiento de mi nido vacío y a los años fríos de jubilación. Estoy emocionada de poder encontrar a otros en mi misma etapa de la vida uniéndose a mí y entrando en la cosecha. Ahora entiendo que la Gran Comisión era para mí, al igual que para todas nosotras, y no sólo para unos pocos.

«*Acercándose Jesús, les dijo: «Toda autoridad me ha sido dada en el cielo y en la tierra. Vayan, pues, y hagan discípulos de[a] todas las naciones, bautizándolos en el nombre del Padre y del Hijo y del Espíritu Santo, enseñándoles a guardar todo lo que les he mandado; y ¡recuerden! Yo estoy con ustedes todos los días, hasta el fin[b] del mundo[c]»*,
Mateo 28:18-20, NBLA

Reflexiones

DÍA
12

Avivamiento y romance

*«Por eso, ahora voy a seducirla: me la llevaré
al desierto y le hablaré con ternura.
Allí le devolveré sus viñedos, y convertiré el valle de la Desgracia[a]
en el paso de la Esperanza. Allí me corresponderá, como en los
días de su juventud, como en el día en que salió de Egipto.
»En aquel día —afirma el Señor—, ya no me llamarás:
"mi señor",[b] sino que me dirás: "esposo mío". Te quitaré
de los labios el nombre de tus falsos dioses,
y nunca más volverás a invocarlos».*

*«Yo te haré mi esposa para siempre, y te daré como dote el derecho y la justicia,
el amor y la compasión. Te daré como dote mi
fidelidad, y entonces conocerás al Señor.*

*»En aquel día yo responderé —afirma el Señor— yo le responderé al cielo,
y el cielo le responderá a la tierra; la tierra les responderá al cereal, al
vino nuevo y al aceite, y estos le responderán a Jezreel.[a] Yo la sembraré
para mí en la tierra; me compadeceré de la "Indigna de compasión", a
"Pueblo ajeno" lo llamaré: "Pueblo mío",[b] y él me dirá: "Mi Dios"».*
-Oseas 2:14-17, 19-23

Esta es una temporada de gran romance y avivamiento para la Novia de Cristo. Ella está siendo despertada de su sueño y de su pérfido cortejo del mundo. Ella está empezando a poner sus afectos en Aquel que la está persiguiendo con enconado recelo. Jesús ya lo dio todo por ella, y la Iglesia está empezando a darse cuenta de ello. «la incondicionalidad del amor de Cristo por su Iglesia» se está convirtiendo en su realidad siempre presente. Es como si se despertara por primera vez de un enmarañado letargo.

Creo que el Señor desea que lo sepamos:

> La estoy llamando y atrayendo hacia Mí en esta danza distintiva de afecto, amor y ternura. Esto es para que Yo pueda respirar en sus pulmones, poniendo todo Mi afecto sobre ella, restaurándola y sanándola. Yo diré lo que creo de ella y lo que el cielo proclama de ella.

Esta es una temporada íntima. La palabra «estación» indica el comienzo y el final de un período de tiempo. Sin embargo, no se trata de un final como tal, sino del amanecer a una nueva era de intimidad y divino romance entre Jesús y su Novia.

Se encontrarán nuevos afectos. Las cosas que mantenían a Su Novia derribada en el piso se romperán. Ella debe ser libre para que pueda recibir una nueva revelación del amor que su Amado siente por ella, a fin de que la Novia pueda devolverle esa misma clase de amor que aún no ha conocido. Esta tremenda experiencia de amor con Jesús se extiende mucho más allá de lo que siquiera puedes imaginar. Te lo declaro, en el nombre de Jesús.

> *«El Espíritu y la novia dicen:"¡Ven!"»*
> *-Apocalipsis 22:17ª*

Él está poniendo Su «maranatha» en tus labios. Vas a anhelar su venida con una nueva profundidad de adoración. Estos 31 días en la montaña con Jesús te cambiarán. Lo verás transfigurado ante tus propios ojos. Él te dará nuevos ojos y nuevos oídos para ver y escuchar, así como una nueva porción de aceite y vino nuevo.

Si tienes tiempo te recomiendo que leas el libro de Oseas, pues es una hermosa historia de amor.

Creo que el Señor desea que escuchemos:

> Mi Novia está despertando. Ella está volviendo a la vida y ya no será como Gomer. Ella se dedicará a Mí y sólo a Mí. Las prioridades del trabajo cambiarán, al igual que las preferencias de entretenimiento también lo harán. Ella tendrá un apetito sólo por Mí; nada más será suficiente. Voy a cambiar su paleta de lo que ella tolera. Nuevas búsquedas que importan para la eternidad van a ser liberadas. La trayectoria de su vida cambiará y se reorientará. Su forma de ver las cosas comenzará a ser transformada.
>
> ¿Y esas lágrimas de dolor? Las limpiaré. Volverás a cantar y a danzar. La risa volverá.[9] Los lugares de aflicción disminuirán porque ella verá la liberación de mi diestra. Habrá un depósito de agallas y perseverancia para correr hasta la línea de meta. Comenzaré a cambiar lo que ella percibe como recompensa terrenal y pondré un sentido de eternidad en su corazón y en su mente. Ella comenzará a vivir

para esto. Estoy poniendo Mis afectos en Mi Novia y cortejándola para que venga en pos de Mí.

Sólo recibe Mi amor. No lo descartes ni lo cuestiones. Deja que Yo te ame y revele la profundidad de lo que esto significa para Mí hoy. Necesitas escuchar y verlo ahora mismo. Mira y escucha, pues se trata de la voz de tu Esposo.

Ahora te invito a escuchar en YouTube la siguiente adoración: «Extravagant» (adaptación al español)-Bethel Music

La historia de Lauren

He luchado contra la ansiedad durante toda mi vida. Recuerdo que cuando era joven mi ansiedad se convirtió luego en una gran depresión. La sentí en todo mi cuerpo con dolor físico y pérdida de peso. No obstante, el asesoramiento y la medicación me ayudaron un poco, pero no mucho. Durante un tiempo, la oración no parecía funcionar.

Después de luchar durante 18 meses, era apenas una frágil cáscara de lo que solía ser. Todo lo que quería era sentirme bien, así que empecé a vivir la vida para mí misma, sin tener en cuenta lo mejor que Dios tenía para mí. Cuando estuve lista para que mi vida cambiara, dije «SÍ» a lo que Jesús ofrece, y me esforcé en profundizar mi relación con Él.

Le pedí que me llenara con el poder de su Espíritu para que ya no me enfocara en mí misma, ni en lo negativo ni en las mentiras. Ahora soy una prueba viviente de que Jesús tiene el poder de cambiar cualquier circunstancia. Sólo necesitamos clamar a Él, tomarle la palabra, y saber que Él puede atraernos hacia Su presencia, liberándonos de las cosas que nos atan o que tratan de limitar nuestra eficacia en la vida. Él es un Dios bueno.

Reflexiones

DÍA
13

¡YA VIENE!

«El que tiene a la novia es el novio. Pero el amigo del novio, que está a su lado y lo escucha, se llena de alegría cuando oye la voz del novio. Esa es la alegría que me inunda».
-Juan 3:29

Recuerdo cuando tenía 6 años y el Señor le habló a mi madre: «Pronto regresaré y tú no estás preparada». Fue en ese mismo momento que vimos la salvación de toda nuestra casa.

Siempre cuento esta parte de mi testimonio cuando imparto el evangelio. Recientemente y de manera inesperada, mi madre me envió un mensaje de texto recordando lo que Dios le dijo ese día. Increíblemente habían pasado cuarenta años desde la última vez que mencionó aquel memorable día. Aproximadamente una hora después de recibir el texto de mi madre, leí esta cita en Instagram:

> «El Señor está llamando a algunos a someterse a una temporada de preparación rigurosa con el fin de adiestrar a otros para la mayor transición de la historia, el regreso de Jesús» —Mike Bickle

Este pensamiento del retorno de Jesús pasó por mi mente dos veces en cuestión de horas. Cómo sabía que el Señor estaba hablándome, tomé nota sobre el énfasis repetitivo que estaba cobrando este asunto. Durante meses, mis pensamientos han vendido girando y siendo redirigidos a la realidad de que Jesús está próximo a regresar por su Novia. De hecho, creo que lo que antes era solo una parte de nuestra doctrina está pasando a ser nuestro principal enfoque. Creo que será algo en lo que cada una de nosotras basará la búsqueda de sus vidas.

Recuerdo estar sentada frente a mi traductora en Asia mientras me decía que esperaba dar su vida por la causa de Cristo y que su nación llegara a conocer a Jesús. Con lágrimas en el rostro, me dijo: «Sólo llevemos a la gente al cielo, y nada más».

Hermanas, siempre ha habido un depósito de eternidad dentro de cada una de nosotras que nos recuerda —aunque sea con cierta tensión— de que este no es nuestro hogar. Ciertamente hay un anhelo dentro de nosotras por Aquel que ancla toda nuestra existencia. Oh, el Señor anhela que llenemos nuestros cántaros de pasión y deseo por Él y por todo lo que Él tiene para nosotras.

Ruego que Él te dé una imagen de Su rostro, para que compruebes que cuando Él te mira su mirada está impregnada aprobación, afecto y alegría; de un amor total. Un día lo veremos cara a cara y cenaremos con Él en las bodas del Cordero. Puede ser que ese día no esté muy lejano. ¿Estás preparada?

El versículo que ilustra el tema de hoy saltó de las páginas de mi Biblia cuando el Señor me dio la visión de este encuentro de 31 días para escuchar la voz del Esposo.

¿Será acaso en nuestros días, en esta generación, cuando veamos a nuestro Rey viniendo en gloria? La realidad es que Él regresa por su Novia. ¿Cómo reflejan nuestras vidas la expectativa de este día? ¿Cómo nos estamos preparando para esta realidad cada vez más presente y pertinente? Señor, ¿están los afectos de nuestros corazones puestos solamente en Ti? ¿Están nuestras lámparas llenas de aceite como en el caso de las cinco vírgenes prudentes?[10] Señor, te ruego que me lleves más y más profundo a nuevas facetas de tu amor. ¿Podrías cambiar mi enfoque hacia la eternidad, para que cuente el costo y viva para ese día? Que mi vida sea un testimonio radical de aquellos que han sido redefinidos por el amor. Llena mis lámparas de aceite. Y que las palabras de mi boca y la meditación de mi corazón se fijen en Aquel que lo pagó todo por mí y que es digno de mi total entrega.

Escucha esta canción de adoración a través de YouTube: «Digo de todo» (espontáneo-Upper Room)

Escucha esta canción de adoración a través de YouTube: «In Love Again» de Untitled Worship

La historia de Kimberly

Después de orar durante días para que Jesús derribara el muro que me separaba de Él, ocurrió el día 13. Mientras continuaba orando y adorando, sentí su presencia. Desde hace un tiempo, he sentido y escuchado a Dios decirme: «Cuenta tu historia». Finalmente, hace unos meses, comencé a escribirla. A regañadientes, redacté cuatro capítulos de las partes dolorosas y traumáticas del caos que se produjo en los primeros 30 años de mi vida. Algo no encajaba; se sentía oscuro y triste.

Pero hoy, hubo un avance. Dios me mostró que la «historia» que me pide que cuente es nuestra historia y cómo me enamoré de Él. El Señor desea que comparta con otros la hermosa manera en que Él redimió todo mi dolor, cada desamor, e incluso cada trauma vivido.

Aunque durante los últimos 23 años (después de los 30 años iniciales), he estado sentada sobre Sus hombros con una vista como nunca podría haber imaginado, sin embargo, a menudo me resulta difícil describirla. He orado durante años para que Él muestre a los niños y a los seres queridos esta misma vista panorámica. Algunos lo llaman el desprendimiento de las escamas. Yo prefiero verlo como una vista espectacular, donde el bien está derrotando al mal. Una visión de alegría y paz indescriptibles. Algo que hay que experimentar porque ciertamente las palabras no le hacen justicia.

Hoy he tenido un avance, y por eso hay una alabanza en mi boca.

Reflexiones

DÍA
14

SANIDAD COMPLETA

«Pedro, que estaba recorriendo toda la región, fue también a visitar a los santos que vivían en Lida. Allí encontró a un paralítico llamado Eneas, que llevaba ocho años en cama. «Eneas —le dijo Pedro—, Jesucristo te sana. Levántate y tiende tu cama». Y al instante se levantó. Todos los que vivían en Lida y en Sarón lo vieron, y se convirtieron al Señor».
-Hechos 9:32-35

Me conmueve la contundencia como Pedro habla en el versículo 34: «Eneas, Jesucristo te sana. Levántate y tiende tu cama».

« di a mi alma: "¡Yo soy tu salvación!"».
-Salmo 35:3

La poderosísima demostración de Dios y la proclamación de Pedro operaron en plácida armonía. Sin embargo, estas dos cosas también funcionan juntas en nuestras vidas cuando decididamente entramos en un momento en el que sólo el poder de Dios puede lograr algo.

Claramente Él se muestra en los milagros. Cuando nuestras vidas son una demostración viva y una proclamación del evangelio, muchos lo atestiguan y se convierten al Señor. Esa es la forma en que Él lo quiso desde el principio cuando Dios le permitió a Adán nombrar las cosas que Él había creado. Desde siempre el Señor ha deseado —y desea ahora más que nunca— que nos asociemos con Él.

Los ojos de Pedro se dirigieron a un hombre que necesitaba libertad y curación, pues durante ocho años había sufrido lo indecible. Pedro le mostró a Jesús, declaró su poder sanador, y entonces Eneas tuvo algo que hacer. Luego de interminables años de postración, por fin tenía que ocuparse de su humilde estera, o como dice la mayoría de traducciones, tenía que «hacer su cama».

Su amarga temporada había terminado. Su letargo y postración estaban dando paso a una temporada de reivindicación.

Siento esta misma pesada carga en mi espíritu. Creo que ya es hora de que aquellas que han visto la sanidad o la liberación del Señor se deshagan de las esteras, o de sus lechos de postración. No la guardes como un recuerdo, ni te quedes con ella como un pérfido recordatorio. No la desempolves ni la guardes para otra persona. ¡Abandona tu estera!

El Señor anhela traer una segunda ola de sanidad sobre ti, y sacarte de esta temporada de dolor. Él quiere la sanidad de tu alma, lo que incluye, por supuesto, también tu mente, voluntad y emociones.

Creo que hay quienes están ayunando por su sanidad durante este encuentro de 31 días, y sé que la mano del Señor está puesta sobre ti respecto a ese asunto. Hay algunas que necesitan progresar en su libertad en innumerables áreas. No te afanes, el milagro ya viene. ¡No pierdas la esperanza! Estas cosas serán una demostración para un mundo que ansía poder ver al Dios Altísimo actuando con este mismo poder.

Lo que la iglesia considera como «cosas del pasado» son nuestra realidad presente; nuestro ahora; también son nuestras declaraciones y experiencias de un «Dios que actúa por encima de cualquier *pero*». El Señor puede provocar un milagro en un instante o enviarte a alguien que desate ese tipo de unción sobre ti. ¡Estoy orando para que lo mismo que ocurrió con Eneas ocurra en muchas de ustedes este mes!

Mientras tanto ¡Tienden la cama!

El Espíritu Santo impulsó este deseo en mi corazón para ustedes:

> Algunas de mis hijas no pueden superar el intenso dolor que han experimentado a lo largo y ancho de ocho años. Durante ese tiempo han sentido como que Yo las he abandonado. Y a pesar de que he salvado, liberado y sanado, ellas siguen empeñadas en poner la mirada en retrospectiva sobre el «lecho» de sus decepciones. No obstante, no podemos pasar a la siguiente temporada hasta que tengamos una conversación sincera sobre las «camas». Aunque sientas decepción por la injusticia del sufrimiento, Mi bondad y fidelidad jamás se han apartado de ti durante todo este tiempo. Debes saber que todo lo vivido en los años pasados solo te estaban preparando para lo que viene. Era mi forma de entrenarte para lo «mucho» que está por venir. Estoy próximo a revelar que mi gloria es más grande que cualquier dolor. El depósito de mi grandeza irá de lo más profundo de mi Espíritu a lo más profundo de tu ser.

Esos ocho años de dolor serán parte de tu historia y un baluarte de inspiración para la proclamación del evangelio. Lo que creías era una parálisis irreversible será apena un precedente al encuentro milagroso de todo lo que yo deseo que experimentes. Ahora ve y declara Mis maravillas a un mundo expectante para que muchos se vuelvan a Mí.

Estoy declarando Mi bondad sobre tu decepción. Estoy declarando Mi amor sobre tus temporadas pasadas de dolor. Yo siempre he estado en medio de ti, ayudándote a superar el sufrimiento, y lo seguiré haciendo a través de cualquier circunstancia presente o futura. Nada te separará de Mi amor... ¡jamás!

Por favor, no enmarques tu estera (tu lecho) ni la cuelgues en tu pared y mucho menos permitas que el enemigo redefina Mi bondad para contigo. Él intentará por todos los medios asaltar y atacar Mi bondad. Él querrá destrozar Mi carácter y demostrarte que soy infiel. Yo, sin embargo, siempre estaré presto a sanarte en cuerpo, alma y espíritu. Yo seré un ancla de salvación para tu mente, voluntad y emociones. Conocerás la plenitud y la libertad porque eso es lo que Yo Soy. Así que mientras yo me encargo de tu sanidad, ve y encárgate de hacer la cama. Avancemos en esta nueva temporada declarando Mi bondad. Recuerda que yo soy bueno y que tú eres mi amada. Nunca lo olvides.

Jesús y Pedro se encontraron un día con Eneas, y muchos otros también se encontraron con Jesús gracias a que Pedro obedeció y salió a predicar. Hay demasiadas personas cerca de ti postradas en el dolor, la parálisis, la pobreza de espíritu y el sufrimiento. Ve y anúnciales el poder de Cristo. Deja que Dios haga su trabajo. Simplemente toma la iniciativa y ora con la fe y la autoridad que Él te da.

> «Si somos como Pedro, que no dudó en recorrer todo un país, también encontraremos oportunidades para el poder milagroso de Dios» —David Guzik

Escucha esta canción de adoración a través de YouTube: «Bueno soy» Ruth Ester Ft. Promesas (Good And Loved- Travis Greene y Steffany Gretzinger)

La historia de María

Si esta historia hubiera hablado de la espera del poder milagroso de Dios durante cualquier otro número que no fuera ocho años, hubiera pasado por alto todo el estímulo y corrección que encierra esta increíble historia y la habría justificado como «para otra persona», menos para mí.

No obstante, después de ocho años de espera, de estar decepcionada respecto a la respuesta de Dios a mi repetitiva y constante oración, a mí también me llegó el momento de ver la impresionante obra de Dios y de quedar impactada por la forma en que Él respondía a mi oración y satisfacía mis necesidades. Ahora es mi turno de tomar mi lecho de postración, de arrojarlo al fuego refinador de Dios y atestiguar cómo Él transforma mi corazón y mi vida de acuerdo a Sus propósitos y planes, y me encamina a un nuevo nivel de progreso.

La retrospectiva revela cómo Él me levantó, me puso en tierra firme y me llevó a un lugar de plenitud y libertad que nunca había conocido, o siquiera imaginado.

Ya no soy una esclava de la parálisis de la espera ni de los vanos cuestionamientos de por qué Dios eligió responder a mi oración a su manera. Ahora entiendo que simplemente debo entrar en la libertad de Su respuesta, y abrazar la nueva vida que Él ha dado sin la opresión y el equipaje que una vez me mantuvieron cautiva. Por siempre estaré humildemente agradecida por Su amor, provisión y dirección en esta nueva vida de pasión y propósito.

Reflexiones

DÍA
15

ÉL ES TAN BUENO

«Ellos serán mi pueblo, y yo seré su Dios. Haré que haya coherencia entre su pensamiento y su conducta, a fin de que siempre me teman, para su propio bien y el de sus hijos. Haré con ellos un pacto eterno: Nunca dejaré de estar con ellos para mostrarles mi favor; pondré mi temor en sus corazones, y así no se apartarán de mí. Me regocijaré en favorecerlos, y con todo mi corazón y con toda mi alma los plantaré firmemente en esta tierra».
-Jeremías 32:38-41

Llegamos a mitad de camino de este mes de consagración de ayuno y adoración mientras indagamos en el corazón de Dios para obtener visión, claridad, avance y sanación, entre muchas otras cosas más. En medio de nuestro viaje está este espacio abierto de Su bondad.

De hecho, nuestro Dios que guarda el pacto, no hizo una promesa sólo para el pasado o el presente; el Suyo es un pacto eterno para con nosotras, interminable, perpetuo, sin fin. Y lo más hermoso de Su bondad es que no depende de nuestra obediencia o desempeño.

Él no nos retiene su bondad, incluso cuando menos sentimos que lo merecemos. Estos son los momentos en los que Él quiere cautivar nuestros corazones y abrumarnos con lo que Él es. Sinceramente, mi mente no lo entiende, pero anhelo explorar las profundidades de su inescrutable benevolencia. Y así como anhelamos explorar, Él anhela llevarnos a la búsqueda del tesoro de nuestra vida.

Recuerdo que mi primer viaje a Asia fue con un «equipo bastante extremo». Ahora este tipo de viajes se ha convertido en algo frecuente en mi vida, solo por la pura aventura y los encuentros con Jesús. Mientras caminábamos por selvas y caminos de montaña, o íbamos de casa en casa y de pueblo en pueblo compartimos las buenas nuevas sobre Jesús, y nos sorprendemos de que nunca hubieran oído acerca de Su nombre. Recuerdo que en este viaje, me encontré con personas que no querían conocerlo como Señor. Estaba muy desanimada.

Estaba sudada, salada, agotada y frustrada. Era el cuarto día, y llegué sin aliento a la puerta de un pequeño hogar. La chica a la que le compartimos no estaba interesada en Jesús porque seguía a un tal dios llamado Nim. Entonces el Espíritu Santo me impulsó a preguntarle con venencia: «Si hay algo que pudieras pedirle a mi Dios, ¿qué sería?». Ella se apresuró a responder con avidez: «Necesito paz».

Bueno, eso era fácil.

Sé que cuando Jesús entra en escena, nuestro Príncipe de Paz cambia la atmósfera. Le dije que Jesús iba a venir, y que ella experimentaría lo que es sentir la paz de Dios. Mi compañera de equipo, Peggy, y su traductor se unieron a nosotros en la habitación. Cuando estábamos a punto de orar, una frágil anciana se acercó y se sentó en silencio.

Oramos y la paz de Dios llegó y llenó aquella casa. Cuando levanté la mirada vi que la ancianita tenía lágrimas corriendo por sus mejillas. Supe que Dios se estaba moviendo en ella. Era sorda, así que lo que percibía era Su presencia.

Me arrodillé a su lado y le pregunté si podía imponer las manos sobre sus oídos. Simplemente oré en el nombre de Jesús para que Dios los sanará. Y Él lo hizo. Ese día compartí con ella las buenas noticias de Jesús y ella le dijo «SÍ». La longeva mujer había vivido 85 años sin conocer la bondad de Dios, pero en ese momento crucial Él vino con gran poder para rescatarla y poner Su pacto eterno de bondad sobre ella.

Hoy me pregunto cuántos conocerán a Jesús gracias a su vida.

Aunque aquella frágil anciana fue la única persona que le dijo «SÍ» a Jesús en todo el viaje, ese encuentro la cambió para siempre y, de paso, me cambió a mí también. Vi que al final de mí estaba el vasto océano de la bondad de Dios. Sencillamente metí mis pies en las aguas por fe, y Él se mostró con maravilla tras maravilla.

En este punto intermedio, quiero que ores para tener ojos para ver y percibir la bondad de Dios a nuevas profundidades. Es hora de sumergirse aún más.

> Gracias, Señor, por tu pacto eterno de bondad. Gracias por prodigar Tu benignidad en mí. Plántame, Señor, en espacios abiertos de Tu generosidad. Haz que el cielo se rasgue en tórrida lluvia sobre mí. Permíteme atravesar las profundidades de Tu bondad. Sé que lo que hablas, lo confirmas con todo lo que haces, con todo lo que eres. Dame oídos para escuchar los cantos que Tú entonas sobre mí. Dame ojos para ver los regalos aleatorios, fuera de lo común, que me haces a lo largo del día. Háblame de tus palabras de compasión,

promesas y esperanzas. Abre mi vida de ensueño para experimentarte en las vigilias de la noche. Gracias por Tu bondad extravagante e imparable que despliegas, incluso en tiempos de hambre y dolor. Señor, pon una nueva canción en mis labios para proclamar la indulgencia de Dios. Que me aferre a Tu bondad y la declare con todo lo que soy. En el nombre de Jesús, amén.

Ahora te invito a escuchar esta canción de adoración a través de YouTube: «Bondad de Dios» por Jenn Johnson-Bethel Music, cover en español.

La historia de Keely

¿Por qué dudo de Su bondad? ¿Por qué pienso que todo cesará o se detendrá cuando Él termine o cuando yo tenga dudas? ¿Por qué siento que Su longanimidad sólo puede durar un tiempo?, si conozco sus promesas:

- Él ha prometido que nunca me dejará ni me abandonará (Deuteronomio 31:6).
- Ha prometido que tiene planes para prosperar y no para perjudicarme, planes que me dan esperanza y futuro (Jeremías 29:11).
- El Señor es bueno con todos; él se compadece de toda su creación (Salmo 145:9).
- Toda buena dádiva y todo don perfecto desciende de lo alto, del Padre de las luces, en el cual no hay mudanza, ni sombra de variación (Santiago 1:17).

A pesar de lo anterior, suelo poner al Señor en una caja y limitarlo. Lo hago porque sólo puedo ver hasta cierto punto, y por eso me limito. Pero nuestro Dios no es así. Él puede hacer cosas más allá de nuestros sueños (Efesios 3:20). Cuando me he enfrentado a que algo se ha acabado o algo no está funcionando, siento que la puerta está cerrada. Es entonces cuando Dios va más allá de lo que yo podría pedir o imaginar. La situación puede ser tan simple como una reunión con un cliente cuando me alejo pensando que el cliente nunca trabajará conmigo. Pero sorprendentemente, el cliente firma el contrato y se convierte en uno de mis mejores clientes.

Es mi pecado el que me hace dudar de nuestro Señor y sus promesas. Sin embargo, estoy aprendiendo continuamente que estas son verdaderas y confiables. El día que lo acepté como Señor y Salvador, Él hizo un pacto eterno conmigo y, por lo tanto, nunca dejará de cubrirme con Su benevolencia. Todo lo que nos pide es que le amemos con todo nuestro corazón y nuestra alma, que nos apoyemos en Él, confiando, permaneciendo y permitiéndole ser quien ha prometido ser.

Reflexiones

DÍA
16

ES HORA DE ASCENDER

«Seis días después, Jesús tomó consigo a Pedro, a Jacobo y a Juan, el hermano de Jacobo, y los llevó aparte, a una montaña alta. Allí se transfiguró en presencia de ellos; su rostro resplandeció como el sol, y su ropa se volvió blanca como la luz. ³En esto, se les aparecieron Moisés y Elías conversando con Jesús. ⁴Pedro le dijo a Jesús: —Señor, ¡qué bueno sería que nos quedemos aquí! Si quieres, levantaré tres albergues: uno para ti, otro para Moisés y otro para Elías.

Mientras estaba aún hablando, apareció una nube luminosa que los envolvió, de la cual salió una voz que dijo: «Este es mi Hijo amado; estoy muy complacido con él. ¡Escúchenlo!» Al oír esto, los discípulos se postraron sobre su rostro, aterrorizados. Pero Jesús se acercó a ellos y los tocó.
—Levántense —les dijo—. No tengan miedo. Cuando alzaron la vista, no vieron a nadie más que a Jesús». Mateo 17:1-8

Estamos realizando una travesía de 31 días por la cima de la montaña con Jesús. Mi deseo es que esta temporada sea una experiencia transformadora en cuanto a nuestra percepción, comprensión y creencia sobre quién es Él.

En estos versículos, tres discípulos se encaminan a una cumbre solitaria para ver a Jesús en la plenitud de su gloria. De pronto, escuchan la voz del Padre y tienen un encuentro transformador que les cambia la vida cuando ven algo que nunca habían visto. Ese día, sus corazones recibieron un toque específico de Jesús que jamás olvidarían.

Estoy orando exactamente lo mismo por ti durante este encuentro de 31 días.

Todo en esta historia, desde que Jesús los condujo a la montaña hasta su momento de adoración boca abajo, apuntaba y enfatizaba a Él como el foco central. Moisés (que representaba la ley) y Elías (que representaba a los profetas) estaban a punto de cumplirse completamente en Jesús. El Padre dirigió toda su atención a su Hijo y dijo: «¡Escúchenlo!».

Desde la nube de gloria «shekinah» hasta la transfiguración de Jesús y las palabras del Padre, todo apuntaba a Jesús. ¿Y cuál es la respuesta de los discípulos?... Cayeron de bruces.

Cuando alzaron nuevamente la mirada los dos testigos se habían marchado y la nube de gloria se había desvanecido; sólo vieron a Jesús; toda su atención se centró en Él. Aunque Moisés y Elías eran hombres portentosos, el enfoque seguía siendo Jesús, porque nadie se compara con Él Oh, cuánto anhelo que creamos esto.

Jesús se dirigió hasta donde ellos estaban postrados para iniciar una conexión radical. Mientras los tocaba con un hálito de compasión e intimidad, les dijo: «¡Levántense!». Su intención no podía ser más clara: Él quería consolarlos, llamarlos y comisionarlos. Es interesante que la palabra para «transfigurado» que se usa en este pasaje es la misma que se usa para «metamorfosis». Curiosamente también es la misma palabra que se utiliza cuando se nos dice «transformaos mediante la renovación de vuestro entendimiento».[11] Así las cosas, nuestros encuentros con Jesús deberían transformar nuestra mente y, por tanto, transformar también nuestro propio ser, incluyendo nuestra alma, cuerpo y espíritu.

Ciertamente se trata de una transformación completa que comienza con lo que creemos sobre Aquel con quien nos hemos encontrado. En otras palabras, cuando nos encontramos con el Señor todo en nuestro ser se transforma por completo.

Pero, así como subieron, tuvieron que volver a bajar con el Maestro. No obstante, este momento de encuentro sublime quedaría grabado indeleblemente en su memoria y quizás sería uno de sus momentos de metamorfosis más significativos. A pesar de lo sublime de aquel encuentro, lo más crucial fue lo que el Padre les dijo a aquellos tres discípulos: «¡Escúchenlo!». Es claro que, si no fuera posible escuchar a Jesús, Él no lo hubiera ordenado.

Así es, querida hermana. Sus ovejas, sus hijas, escuchan su voz. Es una promesa y una invitación. Y ellos necesitaban esto mientras bajaban de la montaña, caminaban a través de la crucifixión, y recibían su encargo solamente para los días y años venideros.

> Señor, te pido por mi hermana, mientras acude a tu llamado de subir a la cima de esta montaña. Padre, háblale. Jesús, tócala hoy con el consuelo y el encargo que hay en tu corazón para su vida. Ella desea tener una perspectiva más alta y profunda de todo lo que Tú tienes para ella, así que llévala un nuevo nivel de revelación y dale la fe necesaria para ir allí contigo.

Te pido que le permitas experimentar la gloria shekinah de Tu presencia. Que estos 31 días de encuentro la dejen boca abajo, completamente postrada en adoración. Y que cuando levante sus ojos, Tú seas lo único que esté en su campo de visión. Renueva y transforma su mente conforme a la verdad, para que pueda caminar en libertad y victoria. Tú fuiste el foco central del encuentro de los discípulos, pues nadie más se compara contigo, y prometes que al final, toda rodilla se doblará ante Ti, Jesús.

Transforma su mente para que viva teniendo en cuenta esta realidad. Ella desea vivir para Aquel que la está cortejando a venir en pos de Él. Ella quiere probar y ver Tu bondad por toda la eternidad. Bendigo a mi hermana con la bondad y la gloria de Dios hoy, en el nombre de Jesús.

Ahora escucha las siguientes canciones de adoración a través de YouTube: «Highlands (Song of Ascent)-Español-cover de Hillsong United y «Hermoso Dios» (Maverick en Español/ God's Version

La historia de Graylene

A través de este viaje devocional de 31 días, fui animada a ser transformada por lo que Jesús ve. Le pedí que me mostrara aquellos aspectos de mi vida que necesitaban su toque. Al apartar diariamente un tiempo para buscar a Jesús, vi que Él me guiaba en nuevas direcciones.

Él me guió a hacer un ayuno de azúcar, ya que esta sustancia es uno de mis grandes obstáculos, tal vez, incluso, un ídolo. Pero el ayuno me ayudó a abrir las puertas de la libertad. Mi meta para con el ayuno de azúcar era poder aumentar mi devoción a Dios y volverme intencionalmente a Él hasta que fuera consumida por Su Palabra y dejara de poner mi confianza en mi gusto por lo dulce. Durante el tiempo de ayuno, le pedí a Dios que me mostrara específicamente cómo alterar mi camino para poder crecer más cerca de Él. Creo que Él me dijo que fuera audaz al contar a otros cómo he sido salvada y transformada.

Sé que la actitud humilde es una de las cosas que Dios más honra. Por eso cada mañana me despierto con la disposición de adorarle y empezar mi día centrándome únicamente en su grandeza. Mientras permanezco en silenció adorando y escuchando, voy siendo transformada a Su imagen y semejanza.

Reflexiones

DÍA 17

¡PASARÁS AL OTRO LADO!

«Al atardecer, Jesús dijo a sus discípulos: «Crucemos al otro lado del lago». ³⁶Así que dejaron a las multitudes y salieron con Jesús en la barca (aunque otras barcas los siguieron). Pronto se desató una tormenta feroz y olas violentas entraban en la barca, la cual empezó a llenarse de agua.

Jesús estaba dormido en la parte posterior de la barca, con la cabeza recostada en una almohada. Los discípulos lo despertaron: «¡Maestro! ¿No te importa que nos ahoguemos?», gritaron.

Cuando Jesús se despertó, reprendió al viento y dijo a las olas: «¡Silencio! ¡Cálmense!». De repente, el viento se detuvo y hubo una gran calma. Luego él les preguntó: «¿Por qué tienen miedo? ¿Todavía no tienen fe?».

Los discípulos estaban completamente aterrados. «¿Quién es este hombre? —se preguntaban unos a otros—. ¡Hasta el viento y las olas lo obedecen!?»
-Marcos 4:35-41, TPT

Esta Escritura comienza con Jesús de pie en una barca en medio del mar y con un grupo de personas en la orilla, tal vez con el agua lamiendo sus sandalias. Mientras Jesús les hablaba en parábolas, el mar permanecía en calma. (Si tienes tiempo, lee todo el capítulo de Marcos 4).

Mientras a sus discípulos Jesús les compartía los secretos de su Reino y les revelaba los misterios que sólo Él conocía,[12] a los demás, que no tenían oídos para oír, el Espíritu Santo les producía una expectante curiosidad con la intención de abrirles el apetito por Aquel que hablaba las mismas palabras de vida.

A sus discípulos les dijo: «A quien tenga se le dará más».[13] Es decir, se les daría aún más revelación. Y a los que tenían hambre, les llenaría la boca de cosas buenas.

No en vano dice la Escritura: «Abre bien tu boca y yo la llenaré»
(Salmo 81:10 b).

Ahora bien, si lees las parábolas de Marcos 4 con detenimiento, verás que el enemigo no se detendrá ante nada para robar, destruir, distraer y ahogar lo que Dios está revelando, plantando, cultivando y proponiendo en tu vida.

Cuando la mano de Dios se mueve a nuestro favor, el enemigo también se levanta con ferocidad.

Por eso, Jesús les lanzó una invitación y una promesa a sus pupilos. Les dijo: «Crucemos al otro lado».[14] Jesús ya los veía al otro lado del mar. Y la razón por la cual sabía exactamente a dónde iban era porque Él mismo estaba presto a conducirlos hasta ese lugar.

Recuerdo dos momentos cruciales en mi vida respecto a esta clase de invitación que el Señor hace. Uno de estos instantes decisivos ocurrió cuando yo tenía 6 años, y Jesús me invitó a recibirlo como mi Salvador. El otro ocurrió apenas hace unos 12 años atrás. Mientras me imaginaba a mí misma de pie en la orilla de un gran océano, con el agua bañando mis pies, de pronto, el Señor me preguntó: «¿Me dejarías conducirte a las profundidades de lo que soy, para que puedas experimentar mucho más de mí de lo que has conocido hasta ahora?». Yo sabía que el mismo océano no podía contener todo lo que Él era y es. Por eso Él me llamaba a adentrarme en Él sin ninguna aprehensión. Si bien había algo de recelo, confesé mi temor y me sumergí.

Pero, volvamos a la historia de hoy...

El enemigo entró en escena cuando los discípulos recién empezaban el proceso de a «cruzar» al otro lado. De repente se desató la tormenta. Y con ella llegaron el temor, la ansiedad y la duda de los discípulos. Fue tan grande su impacto que perdieron de vista, no solamente a Jesús sino también la visión de «cruzar» al otro lado. Todo lo que vieron fue la muerte y la desesperación que se avecinaba. Como Jesús sabía que este no era el final de su historia, se acurrucó a dormir, lleno de una paz celestial. Estaba tranquilo, calmado y confiado en que los propósitos de Dios se cumplirían en su vida y en la de sus discípulos.

Él «reprendió» la tormenta, pues sabía que no provenía de la mano del Eterno. (Creo que la escaramuza del enemigo probablemente tenía que ver con el milagro de victoria y libertad que estaba a punto de liberar al hombre poseído por el demonio en el otro lado del algo, ya que, como sabemos, la batalla siempre precede a la conquista).

Aun cuando estos pescadores estaban familiarizados con el mar, apenas se estaban familiarizando con el Reino de Dios. Y tal como Él había prometido, «se les daría más». Y así fue. Él les dio raíces profundas de fe, muy al contrario de lo que Él mencionó en la parábola respecto a los que no tienen raíz.

Esta singular historia, me recuerda que incluso en medio de nuestras tormentas, Él habla y trae paz. En ese orden de ideas, las tormentas no tienen la última palabra sobre nuestras vidas y, por lo tanto, nuestras barcas cruzarán hasta su puerto de destino. El barco no se hundirá porque Él está en medio de él.

Creo que el Señor desea que escuchemos lo siguiente:

> Cruzarás. Yo soy fiel a mis promesas. Tu destino no es una tormenta eterna. Yo hice los árboles que formaron la barca. Creé el viento y los mares con una orden de Mi voz. La tormenta puede venir, y el enemigo puede intentar jugar su partida, pero Yo tengo la última palabra sobre tu vida.
>
> Si Yo estoy tranquilo, ¿no puedes estarlo tú también? Si estoy sentado, ¿no puedes sentarte tú también? La tormenta no es más que un momento en el ámbito de tu vida, pero es en este lugar donde nace una mayor fe. Es en este lugar donde te aferras al ancla misma de tu alma. Y todo lo que crees puede ser probado aquí.
>
> ¿Soy fiel a mis promesas? SÍ. ¿Tengo el poder de cambiar en cualquier instante el curso del viento? ¡SÍ! ¿Aguantarás y creerás que Yo estoy logrando más dentro de ti en medio de este mar revuelto que cuando estabas en la orilla? ¿Podría tu ubicación en este barco, en este mar, con estas personas, y lo más importante, conmigo, ser uno de los mayores regalos para ti mientras te cruzo al otro lado? ¿Me dejarás revelar Mi presencia, poder y paz sobre ti? ¿Podrías elegir limpiar los lentes de tus gafas y buscarme? Si lo deseas, puedes verme, aquí y ahora.

Estamos cruzando. Estamos en camino. Me verás en formas que nunca has conocido, excepto en este mar, en este barco y con esta gente. Así que, anímate y adórame en medio de todo esto porque estoy viniendo como me pediste. La obra que me permitiste hacer cuando me entregaste tu vida por primera vez, la completaré fiel y abundantemente. Esa es Mi promesa para ti.

Por eso te pido ahora que te pongas de acuerdo con Mi corazón y Mis propósitos. El temor y la duda necesitan ser silenciados mientras anclo tu vida por medio de la fe y la adoración.

Ahora te invito a que escuches esta adoración a través de YouTube: «Aquí estas» (Way Maker) por Leeland

La historia de Patti

A través de la canción *Aquí estás*, «Way Maker», de este devocional, Dios me recordó que Él siempre está obrando, lo vea o no, lo sienta o no, y que Su nombre está por encima de la soledad, la depresión, la enfermedad y el cáncer. Necesitaba escuchar estas verdades ya que soy soltera, estoy envejeciendo y tengo problemas de salud. Sé que, si no me aferro al Señor, cada una de estas cosas puede llevarme al temor o a la depresión. Por eso mi dependencia y confianza están solo en Dios.

Mientras lo adoraba, recibí Su paz y la seguridad de que Él es más grande que cualquier cosa que el enemigo trate de usar para desanimarme. Sé que Dios está haciendo una obra tremenda que determina el curso de mi vida y evita que el enemigo la sofoque. Los apuntes de Julie en el devocional de hoy me animaron a pensar que, al igual que los discípulos en la tormenta, Jesús sabe que éste no es el final de mi historia. Ahora sé con mayor certeza que mi barca cruzará y que no me hundiré porque Él está conmigo en mi barca.

A medida que lo busco, Dios me revela más de Su presencia, Su poder y Su paz. Hoy elijo aferrarme a Él y confiar en Su bondad, totalmente rendida a Su voluntad. ¡Qué emoción saber que soy parte de Sus planes! ¡Gracias, Señor!

Reflexiones

DÍA
18

Hija mía

«Inmediatamente se puso en camino para volver a casa de su padre. Aún estaba lejos, cuando su padre lo vio y, profundamente conmovido, salió corriendo a su encuentro, lo estrechó entre sus brazos y lo besó».
-Lucas 15:20, BLPH

«Él entonces le dijo: Hijo, tú siempre estás conmigo, y todas mis cosas son tuyas».
-Lucas 15:31

«Dios bendice a los que en él confían. Ustedes, pueblo de Dios, vengan y prueben su bondad; verán que a quienes lo adoran nunca les falta nada. Los ricos[a] pasarán hambre, pero a los que confían en Dios nunca les faltará nada bueno».
-Salmo 34:8-9, TPT

Me encanta el corazón del Padre en este pasaje de Lucas cuando expresa su bondad, aceptación y amor incondicional por sus dos hijos, tanto por el que está lejos como por el que está en casa. Este es el abrazo que el Padre nos da hoy, independientemente de nuestros errores, desilusiones o fracasos. En el Salmo 34, David expresa la benignidad del Señor mientras escapaba de la locura de Saúl y de la amenaza que se cernía sobre su vida. Aun cuando tuvo la oportunidad de cuestionar a Dios, prefirió declarar Su bondad y abundancia.

En 2009, mi familia experimentó profundamente el impacto de la caída de la economía. Yo estaba asumiendo asignaciones en el ministerio que me pusieron en la primera línea de fuego donde estaba expuesta a los dardos de fuego del enemigo. En ese momento no sabía cómo luchar.

Recuerdo haber ondeado mi bandera blanca en señal de rendición ante el enemigo porque el costo estaba opacando mi fe para adorar y mantener mi vista puesta en Jesús. «la dureza» se convirtió en mi nueva normalidad durante muchos años. Tuvimos que vender nuestra hermosa y espaciosa casa. Las amistades fueron podadas de mi vida, y fui literalmente arrastrada a un lugar donde sólo estábamos el Señor y yo.

Durante esa temporada el Señor me dio un sueño del Padre Dios conduciendo un viejo Chevy de 1967 con Jesús en el asiento del copiloto. Él era enorme y apenas cabía en el asiento. Además, tenía una larga barba blanca. Recuerdo que cuando se detuvo donde yo estaba parada, Jesús se bajó y corrió hacia mí. Entonces desperté sollozando porque sabía que acababa de tener una visitación importante. Nunca olvidaré aquel sueño y todavía sonrío cuando se me viene a la mente la imagen de mi Padre al volante de aquel auto.

¡Qué increíble es Dios!

Aunque las cosas que ahora te escribo provienen de esa dura y dolorosa temporada, con Dios nada es desperdiciado y todo es una oportunidad para ver Su favor. Por eso hoy puedo testificar como David que «festejaremos con abundancia».[15] Lo prometo.

Hermanas, ciertamente tenemos una oportunidad gloriosa de «correr hacia el Padre celestial y caer rendidas ante Su gracia», ya que Él siempre sale a nuestro encuentro con una incomparable dosis de compasión y ternura.

En una cultura que padece tantas heridas paternas, creo que Él quiere que conozcamos y experimentemos cómo es la verdadera paternidad en Él, puesto que el dolor y el sufrimiento hacen mella en nuestra teología respecto a lo que significa ser un buen Padre. Es bien sabido que cuando los seres humanos sufren abusos, negligencia o el rechazo injustificado de un padre terrenal, no solo se altera sus creencias sobre la paternidad, sino que, además, se limita profundamente su comprensión sobre quién es Dios realmente como un Padre bueno y amoroso.

> *«Y hará volver el corazón de los padres hacia sus hijos, y el corazón de los hijos hacia sus padres...»*
> Malaquías 4:6 a RVR.

Tu Padre Celestial quiere sanar las heridas que has venido cargando, y quiere hacerlo ahora para que puedas vivir y respirar a plenitud. El Dios Trino desea que lo entiendas y lo experimentes plenamente como tu Padre. El Espíritu Santo impulsó las siguientes palabras en mi espíritu para ti:

> Si tan solo pudieras ver mi rostro de amor por ti y supieras lo mucho que anhelo abrazarte y afirmarte. Quiero tocar aquellas áreas ocultas de tu corazón que no sabías cómo tratar por el inmenso dolor que te

causaban. Quiero que sepas que te comprendo, porque lo veo y lo conozco todo.

De hecho, he atesorado todas las lágrimas que has llorado. Sin embargo, hoy voy a verterlas de nuevo en ti. Ellas serán el manantial que regará el nuevo terreno que estoy sembrando en tu vida. Aunque te parezca increíble, verás una abundante cosecha salir de todo este dolor. Voy a restaurar todo lo que el enemigo ha tratado de robar, matar y destruir en tu vida. Mi corazón paternal anhela abrigarte. Por eso tuve que enviar a Mi propio Hijo a buscarte. Ahora mismo Mi Espíritu te está cortejando con pasión y un profundo amor; hoy estoy despertando en ti un nuevo anhelo y deseo. Las cosas viejas se han ido; una nueva página está siendo abierta en tu vida y un nuevo amanecer está floreciendo sobre ti. Te declaro una nueva vida.

¿Estarías dispuesta a hacer una sola cosa por Mí? ¿Pondrías en tus dos manos todas las heridas que te vengan a la mente, y las extenderías hacia el cielo para que Yo pueda ver lo que pusiste en ellas? Finalmente, ¿estás dispuesta a que Jesús ponga Sus manos llenas de clavos encima de las tuyas y tomé todas estas cosas?

Quiero poner cosas nuevas en tus manos. Pregúntame ahora mismo cuáles son esas cosas y no lo cuestiones. Deja que te diga todo lo que te estoy dando a cambio de las cosas que me acabas de entregar. Escríbelas, medítalas, atesóralas y vela por ellas. Verás Mi bondad, Mi abundancia, Mi sanación, Mi esperanza, Mi restauración, Mi misericordia, Mi amor por ti como, tal vez, nunca hayas experimentado. Es un nuevo día, preciosa hija mía. Recuerda que todo lo que tengo es tuyo.

Ahora escucha esta canción de adoración a través de YouTube: «Corro a mi Padre-Run to the Father en español» de Cody Carnes.

La historia de Anna

El año 2019 fue un año extremadamente difícil para mí. En ese año, perdí a un miembro de la familia por asesinato, a otro por suicidio y, además, tuve que enfrentar el inclemente diagnosticaron de un cáncer de mama. El segundo semestre de ese año fue tan complejo, que en un corto lapso de tiempo tuve que someterme a tres cirugías relacionadas con el tratamiento del cáncer de mama. Para empeorar las cosas, sufrí una emergencia por apendicitis en medio de una de aquellas cirugías. Pero ahí no termina todo. Con impotencia vi cómo mis padres perdían todos sus ahorros de la jubilación, cómo nuestro querido perro de 13 años tenía que ser sacri i cado y cómo de un momento a otro teníamos que enfrentar la reparación del coche familiar por una increíble suma que fácilmente sobrepasaba de los 5.000 dólares. Claramente los golpes fueron continuos y devastadores. Pero a pesar de lo abrumador de toda esta catarata de circunstancias adversas, Dios me habló con prístina claridad a través de cada una de ellas. En medio de todas mis lágrimas y mi dolor, Él me mostró cuán interminable y misericordioso es Su amor.

Cuando arribé a enero del 2020, estaba completamente exhausta. Aun así, intentaba aferrarme ferozmente a Jesús con las pocas fuerzas que me quedaban. No obstante, cuando comencé a orar y a ayunar, comprendí por qué Dios permitía que mi vida fuera arada de una manera tan rotunda y severa.

Es evidente que podemos mirar el «terreno» revuelto de nuestras vidas desde dos perspectivas: como algo roto e inservible, o con el entendimiento de que está siendo alistado para ser plantado. Era clarísimo que Dios estaba comenzando algo nuevo en mí. Pero para ser honesta, en ese momento no tenía ni la más remota idea de qué era eso «nuevo» que Él estaba intentando hacer. Ahora, sin embargo, sé que puedo confiar plenamente en Aquel que me llevó a experimentar un doloroso y amargo 2019.

Recuerdo que mientras oraba y ayunaba, Dios comenzó a proferir sobre mí palabras de «abundancia» y «bendición». ¿Abundancia? ¿Bendición? Pero si la única abundancia que he experimentado es la de mis infortunios. Y ni qué decir de la bendición En fin, a pesar de que no entendía nada, estas palabras seguían retumbando en mente con mayor vehemencia. Fue entonces cuando tuve un sueño en que Dios me decía: «Hija, sólo espera mi bendición, pues será increíblemente buena». Poco después de este sueño, tres personas en circunstancias completamente distintas y sin ninguna relación entre sí me dijeron algo que me conmovió profundamente: «El Señor restaurará lo que las langostas se han comido». ¡Wow! Dios me dijo que me estaba dando una voz para hablar debido al dolor que había atravesado; una voz para impartir Su bondad a otros. Luego de esto Dios me dio el versículo de 1 Samuel 12:16 que dice lo siguiente: «Y ahora, préstenme atención y observen con tus propios ojos algo grandioso que el Señor va a hacer».

En ese momento todo cobró vida, pues recordé que, hacia finales de 2019, Dios me había dado una visión en la que Él tomaba una pila de papeles y la colocaba en la base de un imponente árbol de Secuoya. Comprendí que la pila de papeles representaba todo el dolor vivido ese año; cada cosa difícil era un pedazo de papel en la pila. La bondad de Dios era el poderoso e imponente árbol y mi pila de problemas no se comparaba con la majestuosa imponencia de aquel árbol.

Si tomara mi lista de cosas y dijera que Dios no es bueno por el cáncer, la muerte, las finanzas, etc., sería ignorar groseramente o simplemente no comprendería la magnitud de todo lo que Dios ha hecho para ofrecernos salvación y refugió en Él.

Aunque ningunas de mis circunstancias terrenales cambien, nada puede hacer tambalear mi firme conocimiento sobre la bondad de Dios. Lo único que puedo decir es que he visto la inescrutable bondad del Señor. Él me ha cubierto con un manto de alegría, incluso en medio del dolor. Él me ha atraído a su corazón para susurrarme al oído palabras de sanidad y amor. Ahora sé con total certeza que la mano de Dios nos conduce, no solamente en los tiempos buenos, sino también en los difíciles. Por lo tanto, Su amor por nosotras no cambia jamás ni depende de nuestras circunstancias.

Reflexiones

DÍA
19

Su voz y tu voz

«Y la tierra estaba desordenada y vacía, y las tinieblas estaban sobre la faz del abismo, y el Espíritu de Dios se movía sobre la faz de las aguas. Y dijo Dios...»
-Génesis 1:2-3 a

«La voz de nuestro Dios, Dios de la gloria, retumba como el trueno sobre los grandes océanos. La voz de nuestro Dios retumba con fuerza; la voz de nuestro Dios retumba con poder»
-Salmo 29:3-4 TLA

«El SEÑOR reserva su amistad personal para los que le tienen un temor reverente. Es a ellos a los que les enseña el significado de su pacto»
-Salmo 25:14 PDT

Entonces me dijo: «Profetiza sobre estos huesos, y diles: "¡Huesos secos, escuchen la palabra del SEÑOR! Así dice el SEÑOR omnipotente a estos huesos: 'Yo les daré aliento de vida, y ustedes volverán a vivir. Les pondré tendones, haré que les salga carne, y los cubriré de piel; les daré aliento de vida, y así revivirán. Entonces sabrán que yo soy el SEÑOR"»
-Ezequiel 37:4-7

«y vi que la gloria del Dios de Israel venía del oriente, en medio de un ruido ensordecedor, semejante al de un río caudaloso; y la tierra se llenó de su gloria».
-Ezequiel 43:2

Cuando Dios habla, las cosas comienzan a existir. Cuando Él habla, se crea la vida y nacen las causas y los propósitos. La gente se sana. Se restablece la esperanza. Los ciegos ven y los sordos oyen. A su voz, los muertos resucitan. Con sus palabras los planetas se ponen en órbita. La vida enteramente nació en los labios de Dios. Todo está firme porque Él lo sostiene con Su Palabra. Cuando Él habla, Sus palabras no pasan inadvertidas porque retumban con gran reverberación a través de la eternidad fuera del espacio y el tiempo, hasta consumir nuestra realidad presente.

Su voz no crea meras posibilidades, sino que dictamina la probabilidad, la sustancia, la esencia y la vida.

A la luz de esa verdad, Dios nos permite a nosotras, que llevamos la presencia misma del Espíritu Santo, declarar y decretar Su palabra en cualquier situación. Él nos permite impartir vida a las cosas muertas y ordenarles que entren en los propósitos de Dios y su plenitud. Tenemos la habilidad y la autoridad otorgada por Dios para hablar de vida o muerte a las personas y a las circunstancias. [16]

Uno de mis pasajes favoritos de las Escrituras es Ezequiel 37. Ha sido mi manifiesto de oración y el marco para llamar las cosas que no son como si fueran. El Señor ordenó a Ezequiel que «profetizara», que dijera las palabras reveladas de Dios, a los enclenques huesos muertos. Si lees el resto de la historia, verás que los huesos se agrupan y se levanta un ejército. Dios insufla su aliento de vida en ellos mientras Ezequiel profetiza.

¡Ahora es tu turno! Has pasado los últimos 18 días buscando a Jesús y dejando que Su Palabra te hable, te transforme y te sea revelada. Sé que Él puede haberte dado palabras, Escrituras, imágenes, visiones, sueños y nuevas cosas que se agitan en tu espíritu. Esos son Sus tesoros y promesas que Él quiere que te apropies.

Creo que el Señor también quiere que compartas con otros lo que le has oído decir en la quietud del silencio. Comienza a profetizar vida a las cosas que Él te ha mostrado. Comienza a traer estas palabras en oración ante Dios. Luego háblale a tu matrimonio, a tus hijos pródigos y a tus seres queridos que no conocen a Jesús. Cómo hizo Ezequiel, profetiza a estas situaciones y personas. Ordena que las cosas inertes cobren vida. Lo más maravilloso de esta hermosa asociación es que puedes escuchar y luego activar lo que escuchas de Dios con fe, dejando que tus palabras impartan vida.

Así que si tienes alguna promesa de parte del Señor o un sueño que Él te ha dado, ordénale que cobre vida. Escucha y profetiza como lo hizo Ezequiel.

Me encanta el libro *The Prophetic Voice of God* (La voz profética de Dios) de Lana Vawser.[17] En él hay un aparte que me conmueve profundamente:

«Amigos, hoy quiero animarlos: ustedes tienen el poder de cambiar atmósferas, de declarar vida, decretar ánimo, esperanza, sanación y libertad dondequiera que vayan. Disfruten de la Palabra del Señor, estudiándola, meditándola, participando de ella y permaneciendo con Él. Pregúntale por lo que Él está soñando, decretando y viendo, y luego repítelo».

«Recuerda, cada vez que decretas, intercedes y repites lo que Él está diciendo, estás llenando las copas del cielo; estás sembrando en el Espíritu lo que Él está haciendo —estás provocando el avance y desatando Su presencia y Su Reino—. En otras palabras, te estás asociando con lo que Él está haciendo para traer Su realidad a la tierra.

«Escribe los decretos que Él te está dando y continúa repitiendo lo que Él te dice. Observa las cosas gloriosas que Él hará. Hoy podría ser el día en que un decreto tuyo logre que las copas del cielo se inclinen y produzcan una total transformación».

Esta es mi oración para ti hoy:

> Señor, te ruego que mi hermana atesore Tus palabras en su corazón y en sus labios. Que ella declare con valentía lo que Tú dices respecto a aquellas personas y cosas que le has asignado. Dale visión y fluidez de lenguaje para que pueda orar más allá de lo que su mente puede articular. Corona su vida con un manto de fe mientras ella espera la victoria.

Ahora escucha esta inspiradora adoración a través de YouTube: «I'm Listening» de Chris McClarney-cover en español

La historia de Verónica

Decretar la Palabra de Dios es algo poderoso, puesto que puede cambiar la vida de su pueblo. Ciertamente cambió la mía.

En 2014, fui diagnosticada con la Enfermedad de Lyme, la cual se creía que yo había contraído 18 años antes. Los síntomas eran un dolor inenarrable en las articulaciones, depresión, niebla cerebral, fuertes dolores de cabeza, vértigo, irritaciones de la piel y dolor muscular. Estaba en cama un mínimo de dos días a la semana a causa del intenso dolor. Sintiéndome miserable y totalmente deprimida, me retiré de todos los grupos y roles de liderazgo.

Afortunadamente, mi Señor y Salvador me encontró justo donde yo me encontraba. Durante los siguientes tres años, Él y yo interactuamos a través de Su Palabra. Un día, mientras oraba la Palabra de Dios, recuerdo que dije: «Pero Dios, estas oraciones no son verdaderas para mí». En ese momento me vino a la mente el versículo de Romanos 4:17. Aunque había leído ese pasaje antes, la parte en la que dice que Dios puede llamar a la existencia a las cosas que aún no existen era algo que nunca había visto.

«Padre, ¿estás diciendo que ore tu Palabra como si fuera mi verdad?». Una cautelosa esperanza me invadió al pensar: «Esto es lo que mi Padre quiere que haga». Desde ese día comencé a proclamar vida a través de la Palabra de Dios en voz alta. Como el enemigo no puede escuchar nuestros pensamientos, quería asegurarme de que escuchaba los versículos que yo decía.

Entonces el Señor me llevó a Juan 5:1-8. Cuando Él le preguntó al inválido «¿qué quieres estar bien?», dejé de leer. Podía imaginarme a

Jesús de pie ante mí, mirándome directamente a los ojos, haciéndome esa pregunta. Entonces me di cuenta de que había estado enferma durante tanto tiempo que no tenía la menor idea de lo que era estar bien. Grité en voz alta: «¡Sí, Jesús! Quiero estar bien». Luego, en voz más baja le dije: «Jesús, ayúdame a saber cómo estar bien. Muéstrame el camino y andaré en él». Entonces mi rostro fue anegado por un montón de lágrimas porque sabía que Él haría precisamente eso. Él es especialista en mostrarle a sus hijos el camino.

Pasé muchos días decretando la Palabra de Dios en voz alta y las cosas empezaron a cambiar en una lenta progresión hacia el bienestar. Con el tiempo, mis síntomas desaparecieron por completo. He estado libre de los síntomas de Lyme por dos años. Esto es un milagro. Esta travesía espiritual le ha dado forma a mi fe. Gracias, Señor, por mostrarme el camino.

Reflexiones

DÍA
20

¡VERÉ UNA VICTORIA!

«Pasado algún tiempo, David derrotó a los filisteos y los subyugó, quitándoles el control de la ciudad de Gat y de sus aldeas. También derrotó y sometió a los moabitas, los cuales pasaron a ser vasallos tributarios de David.

Además, David derrotó en Jamat a Hadad Ezer, rey de Sobá, cuando este se dirigía a establecer su dominio sobre la región del río Éufrates. David le capturó mil carros, siete mil jinetes y veinte mil soldados de infantería; también desjarretó los caballos de tiro, aunque dejó los caballos suficientes para cien carros.

*Luego, cuando los sirios de Damasco acudieron en auxilio de Hadad Ezer, rey de Sobá, David aniquiló a veintidós mil de ellos. También puso guarniciones en Damasco, de modo que los sirios pasaron a ser vasallos tributarios de David. En todas las campañas de David, el S*eñor *le daba la victoria».*

*«También puso guarniciones en Edom, de modo que los edomitas pasaron a ser vasallos tributarios de David. En todas sus campañas, el S*eñor *le daba la victoria».*
1 Crónicas 18:1-6,13

Si usted lee sobre las victorias de David en 1 Crónicas 18, encontrará que es bastante sorprendente. David tenía un liderazgo increíble a su alrededor que multiplicaba su unción de liderazgo y su estrategia.[18] La vida de David es una prueba irrefutable de que la clave está en con quién nos rodeemos.

Varias veces el Señor me ha llevado a 1 Crónicas 17 y 18, ya que encuentro algo significativo en este pasaje para nosotras; es decir, una palabra renovada mientras entramos en esta nueva etapa de nuestra travesía.

Me llamó sumamente la atención que dondequiera que David iba Dios le otorgaba la victoria. Y no parece que el triunfo se limitará simplemente a un brindis de celebración, sino a un momento sublime donde hasta la última posesión del enemigo pasaba a ser de su exclusiva propiedad.

La respuesta a semejante respaldo divino está en 1 Crónicas 17 donde David tiene un encuentro íntimo con el Señor.

Como sabemos, David ansiaba construir un imponente templo para el Señor, ya que hasta ese momento el Arca de la Alianza permanecía resguardada en una sencilla tienda itinerante. Sin embargo, en el pasaje en cuestión, Dios le declaró a David que él iba a construirle una casa y también le prometió que él gobernaría y reinaría por todas las generaciones. En ese orden de ideas, la unción de liderazgo que reposaba en David se transmitiría a sus hijos y a todas sus generaciones sempiternas. Incluso Jesús vendría a través del linaje de David. ¡Qué promesa más increíble le estaba siendo declarada!

Una vez David escuchó las promesas de Dios se puso en marcha con vigor, audacia y valor. Los enemigos de Dios y de Su pueblo estaban a punto de caer. Y no sólo caerían, sino que serían saqueados. Cumplida la promesa de la victoria, David tomó su botín y lo dedicó enteramente al Señor para que fuera utilizado en la construcción del templo que su hijo, Salomón, construiría más adelante.

> *«Tu techo es el suelo de tus hijos».*
> -Bill Johnson

Me encanta esta cita. Donde vayas con el Señor serán los lugares desde donde tus hijos saltarán a sus llamados. Lo que usted «atesora» como María será para que sus hijos reflexionen y saquen provecho.

El corazón de David por Dios fue transmitido a su hijo Salomón y esto le permitió que construyera el templo hasta el final. Increíblemente el mismo saqueo de los campamentos del enemigo sirvió como materia prima para la construcción del lugar de culto de los hebreos. ¡Qué ironía!

> *«Cada victoria y cada enemigo sometido fue un testimonio del poder preservador del Señor en la vida y reinado de David»*
> -David Guzik

Pues bien, Jesús hizo esto mismo en la cruz, y manifestará esta misma realidad espiritual en tu vida. No pienses ni por un minuto que el dolor y los lugares de la guerra serán desperdiciados. Tu corazón de adoración está siendo construido con las mismas manos de Dios, y Él declara su victoria y abundancia sobre eso.

> *«Que te dé todo lo que deseas y haga realidad todos tus planes. Cuando salgas victorioso, cantaremos llenos de alegría. Festejaremos con banderas en alto para celebrar lo que Dios hizo. ¡Que el SEÑOR cumpla todas tus peticiones! Estoy seguro de que el SEÑOR salvará a su rey elegido. Dios responde desde el cielo sagrado a su rey elegido y utiliza su poder para salvarlo».*
> -Salmo 20:4-6 PDT

Esta es mi oración para ti hoy:

> Señor, te ruego por tu victoria manifiesta sobre tu hija. Jesús, te pido que ella camine en la victoria que Tú ya pagaste con Tu misma vida. Declara Tu victoria, Tu libertad, Tu liberación y Tu sanidad sobre ella hoy mismo. Y al igual que David, te pido que le permitas saquear los campamentos del enemigo y recuperar todo lo que le ha sido arrebatado: la inocencia, la esperanza, la provisión, las relaciones y el amor. Devuélveselo al ciento por ciento, en el nombre de Jesús. Gloriosa majestad, llévala a lugares espaciosos de deleite donde la sientes en una mesa de fiesta y le declaras restauración, plenitud y abundancia.
>
> El enemigo no tendrá la última palabra sobre su pasado, presente o futuro. Eso está reservado sólo para Tu Palabra. Y la(s) temporada(s) pasada(s) será(n) para Tu plena redención y justicia. Pido fuerza para que ella crea que Tu bondad descenderá como lluvia torrencial sobre su vida. Crea en ella un corazón de adoración mientras espera, observa y cree en la victoria.
>
> Señor, ordeno una bendición sobre la cabeza de tu hija y sus generaciones; que su «Sí» que te ha dicho en este tiempo de encuentro y consagración resulte en victorias en su vida y en las vidas de sus

generaciones como mi hermana jamás ha visto. ¡Que ella ije sus ojos en Ti, su gran Vencedor y Campeón!

Ahora escucha esta canción de adoración a través de YouTube: Ver la victoria (See a Victory) /Spanish/ Acústico/ de Elevation Worship

Escucha esta canción de adoración a través de YouTube: Campeón (You are My Champion) de Bethel Music

La historia de Kristi

En mi caminar con Dios he descubierto que hay un espacio en el tiempo en el que a veces me siento atascada. Es el espacio que existe entre pedirle al Señor un milagro y la espera de que Él obre. Ese espacio puede hacernos sentir estériles, dejarnos con dudas y, si lo permitimos, puede exponernos a una serie de mentiras del maligno que inundan nuestras mentes. ¿Qué debemos hacer entonces cuando nos encontramos en ese espacio entre la «petición» y el milagro?

Cuando tenía 16 años, me diagnosticaron una enfermedad renal irreversible e intratable que debería haberme quitado la vida. Pero Dios intervino y me curó completamente de forma sobrenatural. Experimenté a Jehová-Rapha, el Dios que sana, y estoy siempre agradecida por esa oración respondida. Pero también he experimentado su silencio en otros deseos de mi corazón. Le pedí al Señor un avance específico hace ocho años y todavía no he visto esa oración respondida de la manera que me gustaría. Te digo esto porque sé que quizás puedes identificarte con ambos casos: la oración contestada versus la oración «percibida» sin respuesta.

Sigan pidiendo. Oh, si pudiéramos tener ojos para ver el ámbito celestial y atestiguar lo que se está luchando en nuestro nombre. Esta es la oportunidad para que te apoyes en lo que sabes que es verdad sobre Dios. Busca en las Escrituras y anota todo lo que veas que describe el carácter de quien es Dios; fija tus ojos en el que te creó, rechaza intencionalmente las mentiras del enemigo y aférrate a las promesas de tu Padre celestial. Si Él responde a tu oración de la manera que deseas o en el tiempo que deseas es donde puedes quedarte atascada. Concéntrate en el hecho de que Él está trabajando y descansa en esa verdad.

Cobra ánimo, pues, en ese lugar de espera es donde crecen profundas raíces espirituales. Es un acto de adoración confiar en Dios en medio de lo invisible.

Esas raíces que cultivamos junto a las corrientes de incertidumbre son las que nos llevan a través de las pruebas futuras de la vida. Oro para que en tu «espacio intermedio» encuentres una paz inexplicable, una alegría sobrenatural, una anticipación esperanzadora y una temporada de florecimiento espiritual mientras fijas tus ojos en Él.

Reflexiones

DÍA
21

Costará algo

«Luego el ángel del Señor ordenó[a] a Gad que dijera a David que subiera[b] y edificara un altar al Señor en la era de Ornán jebuseo. David subió según la palabra que Gad había hablado en nombre del Señor. Y volviéndose Ornán, vio al ángel, y sus cuatro hijos que estaban con él se escondieron.

»Y Ornán estaba trillando trigo. Y cuando David llegó junto a Ornán, este[c] miró, y al ver a David, salió de la era y se postró ante David rostro en tierra.

»Entonces David dijo a Ornán: Dame el lugar de esta era, para que edifique en él un altar al Señor; me lo darás por su justo precio, para que se retire la plaga del pueblo.

»Y Ornán dijo a David: Tómalo para ti, y que mi señor el rey haga lo que sea bueno ante sus ojos. Mira, daré los bueyes para holocaustos y los trillos para leña y el trigo para la ofrenda de cereal; lo daré todo.

»Pero el rey David dijo a Ornán: No, sino que ciertamente lo compraré por su justo precio; porque no tomaré para el Señor lo que es tuyo, ni ofreceré un holocausto que no me cueste nada[d]. Y David dio a Ornán el peso de seiscientos siclos[e] de oro por el lugar. Entonces David edificó allí un altar

*al S*ᴇÑᴏʀ*, y ofreció holocaustos y ofrendas de paz. E invocó al* Sᴇñᴏʀ*, y Él le respondió con fuego del cielo sobre el altar del holocausto»*
1 Crónicas 21:18-26 LBLA

Ayer leímos sobre las victorias que el Señor le dio a David por dondequiera que él iba. Sin embargo, luego de un corto periodo de tiempo significativamente intenso, la historia da un giro inesperado y vemos a David caer sumido ante los esquemas de Satanás. Una gran decepción, sin lugar a dudas. Pero, por fortuna, David no se queda en su orgullosa situación.

El Señor invita a David a reunirse con él en la era de Ornán para que lo adorara. Según los comentarios, este lugar estaba ubicado en el Monte Moriah, que era la misma colina donde Abraham había subido a sacrificar a Isaac, justo al extremo opuesto de la colina donde nuestro Jesús murió en la cruz.

David pidió comprar esta era a su justo precio, pues no quería sacrificar algo al Señor que no le costara nada. Es interesante cómo el mismo lugar donde se separaba la paja del trigo sería transformado en un lugar de culto y sacrificio. Por cierto, ese mismo lugar se convirtió finalmente en la ubicación del templo de Salomón.

> «David sabía que no sería un regalo ni un sacrificio para el Señor si no le costaba algo. Por eso no buscó la manera más barata posible de complacer a Dios» -David Guzik

> «Amar a Jesús de forma verdadera y genuina implica un costo, ya que el amor es la más costosa de todas las empresas... Pero, ¿qué importa si, a la postre, ganamos a Cristo? Cualquier renuncia que hagas por Él te será devuelta, solo que purificada y transfigurada» -F.B. Meyer

Hermana, ciertamente debes calcular el costo. Día tras día debemos considerar el costo que implica seguir a Jesús. Si no lo hacemos, corremos el riesgo de comprometerle nuestras vidas solo por un tiempo, antes de que decidamos retomar nuestra rutina habitual. Las cosas esenciales implican un enorme sacrificio.

Ahora bien, con esto no quiero decir que no echaremos de menos las cosas que solían consumir nuestro tiempo y nuestro corazón. No obstante, Dios es justo, y promete venir con fuego y consumir los sacrificios para que todos vean la gloria de Aquel a quien amamos y adoramos. Oh, hermanas mías, el clamor de mi corazón es que se levante un ejército de mujeres adoradoras en esta hora que ardan profundamente de amor por su Esposo. Que transformen lo que parece un simple sacrificio en una vida completa de adoración.

Nuestro amado Dios ciertamente vale esto y mucho más. Él vale cada aparente «sacrificio» que hacemos, y yo no descansaré en declarar esto hasta el último día de mi vida.

John Maisel, el fundador de East-West, llama a este vívido sacrificio de adoración constante, «el martirio de mi corazón por causa de Jesús». Y yo me suscribo enteramente a esta declaración, pues sé que mi Jesús viene por su preciosa Novia, que está vestida de rectitud, pureza y santidad. Por una novia sin mancha y sin arruga que le busca resueltamente.

Te animo a que tengas una conversación honesta con el Señor sobre cuál es este «costo» entre Tú y Él. Te aseguro que él responderá a los deseos de tu corazón.

Estamos próximas a comenzar un viaje hacia nuestro llamado y comisión por el Espíritu de Dios. Por lo tanto, abróchate el cinturón, ya que lo que viene está a punto de ponerse aún mejor. Mientras tanto, ¡escucha la canción del Día 1 de nuestro encuentro y prepárate!

Ahora escucha esta canción de adoración a través de YouTube «Rey de reyes»- Su Presencia (King of Kings- Hillsong Worship)-español

La historia de Jen

Mi hija adoptiva de 4 años, es mi encargo solemne del Espíritu. Criarla, especialmente después de la muerte de mi esposo, es el mayor sacrificio de mi vida. El tiempo, las lágrimas y el sufrimiento que he experimentado a causa de esta niña, y para esta niña, son para Jesús.

Aunque muchas veces le he gritado al Señor que estoy queriendo renunciar y claudicar —y cuando digo muchas veces realmente son muchísimas— Él no me la ha permitido. Si bien estoy más que agradecida de que no me lo permita, y también me enoja que no lo haga.

Mi relación con mis otros hijos ha sido demasiado tensa desde el día en que trajimos a esta pequeña a casa. Mi hijo mayor tiene más traumas por su hermana adoptiva que por la muerte de su padre terrenal. Mi relación con mi nuevo marido se ha visto afectada por mis deberes con mi pequeña hija.

Pero, como Dios es supremamente bueno, creó a mi nuevo marido exactamente para que me cuide como yo cuido de ella. Mi vida es un verdadero sacrificio por la vida de mi hija. Mi familia y mis amigos todo el tiempo me están juzgando por causa de ella. Y Satanás, por supuesto, intenta, por todos los medios, quebrarme.

Me anima, sin embargo, saber que Dios me diseñó específicamente para este trabajo. Esta certeza me da la fuerza para saber que jamás voy a renunciar, incluso cuando quiero hacerlo. Cuando le suplico a Dios por descanso, Él me sostiene, me carga y me rodea con Su amor. Él enjuga mis lágrimas, me toma de la mano, me acoge y me muestra el camino. Él me deja gritarle porque, como buen Padre, comprende mi dolor. Por eso, aunque Él me siga pidiendo más, yo continúo respondiendo «Sí, heme aquí».

Reflexiones

DÍA
22

Su Resurrección ...
Su comisión

Cambiemos de enfoque respecto a la visión mientras avanzamos en esta maravillosa travesía y entramos en el último tramo de esta temporada de consagración juntas. Y creo que es bastante pertinente que empecemos esta nueva fase con la historia de María, la primera persona a la que Jesús comisionó luego de su resurrección.

«Pero María estaba fuera llorando junto al sepulcro; y mientras lloraba, se inclinó para mirar dentro del sepulcro; y vio a dos ángeles con vestiduras blancas, que estaban sentados el uno a la cabecera, y el otro a los pies, donde el cuerpo de Jesús había sido puesto. Y le dijeron: Mujer, ¿por qué lloras? Les dijo: Porque se han llevado a mi Señor, y no sé dónde le han puesto. Cuando había dicho esto, se volvió, y vio a Jesús que estaba allí; mas no sabía que era Jesús. Jesús le dijo: Mujer, ¿por qué lloras? ¿A quién buscas? Ella, pensando que era el hortelano, le dijo: Señor, si tú lo has llevado, dime dónde lo has puesto, y yo lo llevaré. Jesús le dijo: ¡María! Volviéndose ella, le dijo: ¡Raboni! (que quiere decir, Maestro). Jesús le dijo: No me toques, porque aún no he subido a mi Padre; mas ve a mis hermanos, y diles: Subo a mi Padre y a vuestro Padre, a mi Dios y a vuestro Dios.

> *Fue entonces María Magdalena para dar a los discípulos las nuevas de que había visto al Señor, y que él le había dicho estas cosas».*
> -Juan 20:11-18

Creo que este es uno de los momentos más dulces entre Jesús y su querida amiga, María. Estoy llorando mientras escribo esto. No había nadie a quien María quisiera más en ese momento que a Jesús. Su sollozo y su lamento era porque nada de lo que estaba sucediendo parecía tener sentido, ya que ella no creía que la resurrección de Jesús uera un hecho confiable. Todo lo que ella sabía era que su «querido amigo» había muerto y había desaparecido. Su tristeza y desconcierto era en virtud de que Jesús era Aquel el que su corazón anhelaba con profunda inquietud.

Pero fiel a su carácter, Jesús no se hallaba lejos, como María creía, y Él comenzó acercarse mientras la llamaba por su nombre.

> *«Aunque sus ojos le habían fallado, sus oídos no pudieron confundir aquella voz que la llamaba por su nombre. Si bien muchos la habían llamado por ese nombre, y ella estaba acostumbrada a escuchar muchas veces al día proferir su nombre por distintos labios, solo uno había pronunciado su nombre con esa inconfundible entonación».*
> -F.B. Meyer

Tal y como quería Jesús, el mayor liberador de las mujeres, María se convirtió en la primera testigo de la resurrección del Redentor del mundo. Por lo tanto, no es un hecho casual que fuera una mujer la escogida y la comisionada para ir a publicar semejante suceso.

Ciertamente este anhelo de Jesús para las mujeres está resonando desde el Trono Celestial ahora mismo. Él desea fervorosamente que las mujeres nos levantemos y «vayamos» por el mundo y «testifiquemos» lo que hemos visto y oído.

Hijas del Dios Altísimo, esta es la hora de tu comisión.

Ya hemos permanecido y llorado suficiente en nuestros lugares de duda, desesperación, desaliento, desilusión y derrota. Como ya les he compartido, sé perfectamente lo que significa pasar por los callejones sin salida de una temporada de dificultad. No obstante, es en ese jardín de la tumba vacía donde Jesús nos encuentra y nos comisiona. Es aquí, en el sombrío y vacío sepulcro, donde todas esas realidades reciben un nuevo nombre de esperanza, fe, visión, alegría, claridad y victoria. Podemos, por lo tanto, mirar la tumba vacía y saber que hay un encargo más loable y digno para nuestras vidas. El túmulo está deshabitado y Jesús nos llama por nuestros nombres mientras nos mira con ojos de compasión y amor. Nuestra misión es transformar esa compasión en la fuerza motriz que nos impulsa hacia nuestro destino.

María corrió desde aquel lugar del jardín hasta los discípulos porque tenía una nueva revelación, un nuevo testimonio y una nueva noticia que declarar: que Jesús había vencido la muerte. El que ellos creyeran o no, ya no dependía de ella. Ella simplemente había obedecido el mandato de Jesús de «¡Ve y cuenta lo que has visto!».

Te invito para que dejes de mirar el panorama, cualquiera que sea, desde el desconcierto y la desesperanza y te enfoques en el rostro de Jesús y su mirada de compasión y amor. Debes saber que existe un destino escrito para ti desde antes de que este mundo fuera cimentado. El designio que reposa sobre tu vida no es el de la duda y la mediocridad, sino el de la pasión y la compasión. Ante tus ojos hay un mundo moribundo que espera que te vuelvas y corras desde la tumba vacía y testifiques lo que muchos anhelan escuchar.

No me cabe duda de que Jesús tiene algo más para ti y que ese algo está llegando. Hay un rotundo «vamos» en Su corazón y en Sus labios para ti hoy. Así que alístate.

Señor, haz que este pasaje cobre vida para mi hermana. Tú estás llamando a tu hija a caminar en pos de la autoridad y comisión que les has dado.

Examina aquellas áreas de su vida que necesitan ver el poder de Tu resurrección y permítele declarar con convicción el amor transformador que hay en Tu presencia, Señor. Haz de ella una hija audaz y valiente del Rey y llénala de fe para que se apodere de todo lo que has depositado ante ella.

Ahora te invito a que escuches la adoración «Still» de Amanda Cook, a través de YouTube con subtítulos en español.

La historia de Mindi

Este mes de pausa diaria para escuchar al Señor a través de este increíble devocional ha sido justo lo que necesitaba, pues me encuentro en un tiempo complejo de transición. Y aunque las transiciones son emocionantes para algunos, en mi caso ha sido un tiempo de duelo en el que no podía ver la manera en que Dios me estaba preparando para afrontarlo. Como sencillamente me gustaba la antigua forma de hacer las cosas, decidí quedarme quieta, como en una tensa calma. A pesar de saber que el Señor me estaba llamando a tomar la iniciativa y alejarme de un equipo en el ministerio con el que me sentía cómoda, no lo hice, pues no creía que mi tiempo allí hubiera terminado. Sin embargo, las cosas cambiaron abruptamente cuando Dios me dijo: «Es hora de que entres en la tierra prometida que tengo para ti y tu llamado».

Soy una pintora profética, [19] y he pasado los dos últimos años trabajando en un gran proyecto, pintando cada libro de la Biblia. Como pueden imaginarlo, fue una temporada de completa concentración en el lugar secreto con el Señor, viéndolo y conociéndolo en las Escrituras a través del arte.

Cuando esta temporada terminó, tenía algunos planes en mente respecto a lo que vendría luego; sin embargo, las cosas dieron un giro inesperado que me dejaron fuera de base. Me afligí profundamente porque las cosas no marchaban como yo había previsto. Fue entonces cuando el Señor comenzó a hablar a mi corazón: «Es hora de que lleves tu historia y tu testimonio a un nuevo ámbito, de que enseñes y compartas el testimonio del viaje que hiciste conmigo mientras pintabas». Eso me dejó aún más confundida, pues yo no quería dejar la vieja estación. Pero en el fondo sabía que el Señor tenía una cosa nueva: algo así como un estiramiento en el hablar, lo cual está fuera de mi zona de confort (Estoy acostumbrada a estar de espaldas a una multitud o a pintar sola en mi estudio). El Señor, no obstante, quiere que deje lo viejo atrás y entre en lo nuevo.

Cuando leí el preámbulo de este día, me quedó sonando en la cabeza. María estaba llorando por la muerte de Jesús, lamentando el tiempo que había pasado con Él en íntima camaradería, sin saber que Él estaba a punto de hacer algo nuevo, sin tener la menor idea de que Él iba a comisionarla para que fuera y contará a todos que Él tenía que morir para poder cumplir los planes del Padre celestial. En otras palabras, tenía que decirles que había sido por nuestro bien que ocurriera de esta manera. Si bien nada de esto tenía sentido para María en ese instante, pudo reconocer la voz del Maestro llamándola por su nombre.

A mí me pasa algo similar. Sé que debo dejar lo viejo, aceptar lo que ha sucedido, obedecer la voz del Señor y dirigirme hacia donde Él me está guiando. Debo confiar en que Él conoce lo mejor para mí cuando me dice «ve y cumple mi mandato».

Puedo ver que Dios tiene planes más grandes para nosotras de lo que podemos ver en cada fase de nuestras vidas. Quiero ser una mujer que se apropia de su llamado y se alista para testificar de Su amor y de la historia que ha sido escrita a través de mi vida. Cuando leí: «Hijas del Dios Altísimo, esta es la hora de tu comisión», sentí una claridad desbordante y el valor necesario para soltar lo viejo y entrar de lleno en lo nuevo. Entendí que, así como María tenía un nuevo encargo que cumplir, yo también tengo el mío propio.

Señor, hoy dejo a un lado mis planes para confiar plenamente en los designios que tienes para mi vida y mi arte. Señor, enséñame a ver desde tu perspectiva, incluso cuando las cosas no tengan sentido. Lléname de fe para que yo pueda caminar hacia lo desconocido. «Hay un mundo moribundo que espera que te vuelvas y corras desde la tumba vacía y les testifiques lo que muchos anhelan escuchar».

La locura que confirma lo que Julie escribió en el devocional de hoy es algo que el Señor me dijo al principio de mi artística travesía por la Biblia. Recuerdo que Él me dijo: «Hay un mundo moribundo que necesita ver la belleza de la Palabra a través del arte».

Reflexiones

DÍA
23

Despierta y levántate

«Vengan, síganme —les dijo Jesús—, y los haré pescadores de hombres». Al instante dejaron las redes y lo siguieron.

Más adelante vio a otros dos hermanos: Jacobo y Juan, hijos de Zebedeo, que estaban con su padre en una barca remendando las redes. Jesús los llamó, y dejaron en seguida la barca y a su padre, y lo siguieron».
-Mateo 4:19-22

Si pudiera traducir exactamente la invitación de Jesús a estos chicos, apuesto que les estaba diciendo: «Hola chicos, es hora de emprender lo imposible».

Cada vez que imagino a estos chicos sentados en sus barcas, haciendo lo habitual como expertos pescadores que eran, dudo mucho que estuvieran soñando con cambiar el mundo. Sin embargo, sus sencillas rutinas de vida cambiaron radicalmente en un abrir y cerrar de ojos ante la imponente invitación del Maestro de «Vengan, síganme». Y es que no era una invitación cualquiera; la invitación de Jesús tenía implícita la idea de «voy a cambiar el mundo a través de ustedes». A pesar de semejante convite, estos desapercibidos muchachos no tenían la más remota idea de lo que les esperaba. Simplemente se apresuraron a decidir dejarlo todo y seguirle, sin imaginar que al final les costaría todo.

Pero, más allá del costo, seguir a Jesús valía y sigue valiendo la pena completamente.

Recuerdo que durante mi primer «viaje extremo» de mujeres al sur de Asia, me acerqué a una pareja que había construido una pequeña tienda sobre pilotes a la entrada de su pueblo. La habían montado con algo de madera y lata con la intención de vender patatas fritas de diferentes sabores, agua, caramelos y chicles. Mientras les testificaba del amor de Jesús, les pregunté: «¿Cuáles son los sueños de vida que albergan en sus corazones?».

Ambos me miraron un poco extrañados antes de cruzarse miradas. Luego, con sendas carcajadas, me respondieron: «Soñar no es para nosotros». Ellos creían que su única opción en la vida era sobrevivir y que no tenían la menor posibilidad de soñar con algo mejor. Pero, ¿qué posibilidades tienen los sueños de hacerse realidad cuando alguien está en modo supervivencia? Tristemente esta humilde pareja no esperaba nada diferente a la rutina, a poder esquivar las necesidades del día a día y llegar con algo de aliento al próximo día.

Personalmente, no puedo imaginar lo que es no poder soñar con que Dios hará cosas imposibles a través de mi vida. Tú y yo fuimos creadas para asociarnos con Él y lograr que las naciones enteras tengan acceso al mensaje del evangelio. Recordemos que aún hoy más de 3 mil millones de personas todavía no han escuchado acerca del nombre de Jesús. Pero, por imposible que parezca la tarea, fuimos creadas para hacer cosas, incluso más grandes que las que hizo Jesús.[20]

Debes saber que antes de la fundación del mundo, ya Dios había escrito la gran historia de aventura de tu vida con Él. Por lo tanto, hay un destino maravilloso para ti del que nuestro sublime Creador es el autor. Pero esa es solo una cara de la moneda; la otra indica que hay un mundo moribundo a la espera de que te «bajes de la barca» ante la invitación del Maestro, y te agarres de su mano y vayas a donde Él quiere llevarte.

«El agua está esperando a ser pisada nuevamente».
-Bill Johnson

Sí, queridas hermanas. Fuimos creadas para invadir el ámbito de lo imposible. La imposibilidad es el terreno fértil donde Jesús quiere hacerte florecer.

Recuerdo que cuando yo tenía 12 años, mis padres vendieron nuestra casa en California, dejaron sus trabajos y siguieron a Jesús a Alemania. Algunos de nuestros más allegados familiares estaban en un estado de shock e incredulidad ante lo que ellos consideraban una absurda idea. Aunque ciertamente parecía ser algo irracional, mis padres sabían en lo más profundo que Dios era quien les llamaba.

Su fe dio lugar a algo que yo nunca hubiera podido imaginar o soñar: hoy mis hijas sienten pasión por las naciones. Dios depositó en el genuino «SÍ» de la fe de mis padres una vocación por las naciones y por el evangelio en nuestro linaje. Y esta vocación ya está dando frutos en mis hijas.

Por cierto, hace un tiempo atrás Lizzy, mi hija mayor, y yo emprendimos un viaje misionero al sur de Asia. Durante aquel entrañable viaje, la escuché orar por la sanidad de un brujo y compartir el evangelio con una persona tras otra que no conocía la bondad de Dios.

Ese mismo «estilo de vida» que Jesús quería para sus pupilos cuando los llamó aquel día inolvidable, es el mismo «patrón de vida» al que el Espíritu Santo nos está invitando con pasión, fervor y sentido de urgencia.

Dios ha puesto ante nosotras una gran invitación y la ha sellado con su sangre y sus promesas. Nos está invitando a seguir a Jesús con pasión y a ser las que transforman el curso de la Historia. Fuimos creadas para ser cambiadoras del juego. De alguna manera, nuestros afanes cotidianos o intereses personales nos han mantenido atadas a la vana responsabilidad de construir la vida que la cultura nos impone. Me anima, sin embargo, saber que estamos en el precipicio de un gran «cruce» hacia las promesas que Él ha destinado para nosotras.

La pregunta del millón es la siguiente: ¿Seguiremos a Jesús con un abandono temerario, o correremos hacia lo que nos resulta más cómodo y familiar?

A veces me pregunto qué habría ocurrido si mis padres hubieran dicho, Señor «no, no vamos a seguirte. Alemania está demasiado lejos de nuestra zona de confort, y nunca hemos estado allí antes. ¿Qué va a pasar con nuestra jubilación? ¿Y qué acerca de la nueva piscina que acabamos de construir? ¿Qué pasará con los niños que están en su etapa de formación?». Indudablemente habrían renunciado a la más grandiosa aventura con Jesús; tal vez hoy en día ni mis hijas ni mi persona tuviéramos el amor que tenemos por las naciones. Su «¡Sí!» impactó literalmente naciones y generaciones.

¡Es hora de que comiences a pelear por tu imposible! Ante ti tienes a un mundo moribundo que anhela ver al Dios del universo reflejado en tu propia vida.

> Oh, amado Jesús, te ruego que me llames a salir de mi barca de comodidad y familiaridad y me lleves a vivir las más grandes aventuras contigo, aquellas odiseas que mi mente ni siquiera puede imaginar o soñar. Libera una unción de fe y favor para que pueda decirte «SÍ» cuando escuche Tu voz.

Aparta un momento y escucha la adoración «Into Faith I Go» de Pat Barrett a través de YouTube.

La historia de Allison

Ha habido momentos en los que sabía que Dios susurraba a mi corazón y agitaba mi alma a modo de invitación para que tuviera una aventura con Él similar a la que se describe en Romanos 15:20-21. Cuando escuché por primera vez acerca de este pasaje en la universidad, mi espíritu dijo «¡SÍ! ¡SÍ! ¡SÍ!». Y aunque en ese momento no sabía a quién, cuándo, dónde o cómo, puse una estaca en el suelo y dije que sí podía ser algo, debía ser esto.

Ahora, años después, estoy viendo cómo Él despliega este llamado en mi vida y me recuerda que los recursos para lo imposible están en Él.

En estos últimos años he visto muchos imposibles convertirse en realidad. Por ejemplo, está el «imposible» de escuchar el testimonio de un hombre en una remota aldea al otro lado del mundo que fue sanado en el nombre de Jesús de un dolor debilitante en sus piernas. También está el imposible que presencié, en cierta ocasión, en Oriente Medio. Recuerdo que cuando mi compañero de viaje y mi persona pasábamos por enfrente de una parada de bus, de pronto nuestra atención se centró en un hombre que yacía tendido y sin vida en plena calle a pocos metros de un bus estacionado. Mientras un grupo de hombres intentaban desesperadamente arrastrar el cuerpo inerte a la acera, mi amigo y yo fuimos dirigidos por el Espíritu Santo a orar para que a este hombre se le insuflara aliento de vida y pudiera sentarse. Asombrosamente, en el instante en que declarábamos vida en voz alta, el Señor hizo lo imposible.

También está el imposible de haber sido la mensajera de las buenas nuevas a más de 70 personas en un lapso de cinco días en el sur de Asia, y el poder compartir el mensaje de salvación con personas que nunca habían escuchado hablar de Jesús. Con especial emoción recuerdo la invitación que recibí del administrador de una escuela gubernamental para que le impartiera el evangelio a la escuela en pleno, y ver cómo todos los allí presentes, incluyendo a los administradores, repetían conmigo la oración de fe.

Al responder «¡SÍ!» veo y vivo la aventura y los imposibles del evangelio. No puedo evitar preguntarme si tal vez tú también estás teniendo esta misma agitación o si estás escuchando al Maestro decir: «Ven, sígueme». Amigas mías, no tengan temor de responder con un «Sí» indubitable, pues Él no decepciona jamás.

Reflexiones

DÍA
24

ÉL SERÁ TIERNO CONTIGO

«Consciente de esto, Jesús se retiró de aquel lugar. Muchos lo siguieron, y él sanó a todos los enfermos, pero les ordenó que no dijeran quién era él. Esto fue para que se cumpliera lo dicho por el profeta Isaías:

«Este es mi siervo, a quien he escogido,
mi amado, en quien estoy muy complacido;
y sobre él pondré mi Espíritu,
y proclamará justicia a las naciones.
No disputará ni gritará;
nadie oirá su voz en las calles.
No acabará de romper la caña quebrada
ni apagará la mecha que apenas arde,
hasta que haga triunfar la justicia.
Y en su nombre pondrán las naciones su esperanza».[a]
—Mateo 12:15-21

Dios me dio un sueño mientras escribía este aparte sobre el encargo del Mesías. En mi sueño, yo permanecía sentada junto a una pareja embarazada de gemelos. Si bien la mujer era una amiga en mi sueño, en la vida real era alguien que yo no conocía. En el sueño mi «amiga» me comentaba que sus bebés no estaban creciendo como deberían y que ella no podía hacer nada. Entonces, de un momento a otro, este pasaje de las Escrituras salió de mi boca para ella:

«La caña cascada no la romperá, y el pabilo que arde no lo apagará».
-Mateo 12:20 a

En otra escena del sueño, me encontraba en una sala de juntas atiborrada de gente y de pronto veo entrar a John Maisel, el fundador de *East-West*, quien en la vida real padece fibrosis pulmonar. Aunque en mi sueño él todavía tenía esta enfermedad, aun así, ardía por Jesús mientras su cuerpo luchaba por sobrevivir. Increíblemente una vez más esta Escritura salió de mi boca:

«La caña cascada no la romperá, y el pabilo que arde no lo apagará».
Mateo 12:20 a

En vista de un sueño tan vívido y reiterativo, decidí estudiar a profundidad esta porción de la Escritura, ya que creo que se trata de una interrupción divina para nosotras en esta coyuntura actual. Es claro que, aunque Dios puede y te quiere comisionar para que asumas tu destino con propiedad, Él no te fuerza y más bien quiere que sepas que Él es gentil, tierno y amoroso para contigo y comprende a cabalidad todo lo que has tenido que soportar. De hecho, también quiere que sepas que los obstáculos que has superado van a ser tu tribuna de autoridad en el ministerio.

Lo que más me conmueve de este pasaje es la compasión de Jesús por todos los enfermos que estaban con él aquel día. Si bien no solía ser un hecho habitual que Jesús sanara a cada persona en los lugares donde ministraba, aquel legendario día sí lo hizo.

No obstante, lo más sorprendente no es que Jesús sanara en un mismo día a todos los que habían acudido a clamar por Su toque sanador. Lo más conmovedor es que el Ungido, Elegido y el amado Hijo de Dios todavía nos sirve cada día y vive para interceder por nosotras ante el Trono de la Gracia. Su ministerio para con nosotras no ha culminado y, por ende, *no acabará de romper la caña quebrada ni apagará la mecha que apenas arde.*

> «Esta es otra referencia al amable carácter de Jesús. Una caña es una planta bastante frágil y suele doblarse con mucha facilidad. Pero aun cuando la caña se quebrare, Jesús, el Siervo, la manejará con tanta delicadeza que no la romperá. Y aun cuando el pabilo que se usa como mecha en las lámparas de aceite humee en vez de flamear, Él no la apagará hasta que se extinga. Por el contrario, el Siervo Sufriente nutrirá suavemente el pabilo humeante hasta que la llama sea avivada nuevamente» -David Guzik

Creo que el Señor desea que sepamos que todos nuestros fracasos, complejos, errores y debilidades son tratados por un Dios amoroso. Él se preocupa íntimamente por cada una de nosotras y nos trata con infinita ternura.

> «Jesús ve el valor de una caña cascada, incluso cuando nadie más puede hacerlo. Él puede hacer que una hermosa melodía salga de una caña cascada, mientras imprime Su fuerza en ella. Aunque un pabilo humeante parezca algo inservible, Jesús sabe lo valioso que puede llegar a ser cuando se refresca con aceite nuevo. Ciertamente muchos de nosotros somos como una caña cascada y necesitamos ser fortalecidos en lo más íntimo de nuestro ser por el poder de Su Espíritu (Efesios 3:16). Otros son como un endeble pabilo humeante y solo pueden volver arder con fuerza para

el Señor cuando son empapados en aceite, es decir, en ese suministro constante que viene a medida que somos llenos del Espíritu Santo»- David Guzik

El Señor no sólo es consciente de tu fragilidad; Él también está convencido del poder, la autoridad y los propósitos de Cristo que habitan en ti. Él está tan convencido de esto, que no se detendrá para nada del mundo y buscará tu corazón y te preparará para lo que está por venir. Él sabe que no eres una caña destinada a ser quebrada y desechada, y por eso te está llevando a un nivel de autoridad mayor para que puedas estar completamente preparada para lo que se viene. El Señor te está convirtiendo en una poderosa guerrera en Su lugar secreto para que esas mismas áreas en las que Él te da la victoria sea lo que ofreces a aquellas personas que urgen libertad, esperanza y sanación.

Ahora quiero que leas atentamente estas palabras que el Señor ha puesto en mi corazón para ti:

> Ciertamente estoy abriendo las compuertas de los cielos sobre mi hija. La estoy atrayendo al lugar de mi presencia para que se sienta a Mis pies. Quiero contarle cosas maravillosas y construir entre ella y Yo una incontenible relación de amor y amistad. Voy a permitirle contemplar Mi bondad, para que su vida sea estremecida a medida que su mirada se enfoca en mí. He aquí yo me apresuro a liberarla de las cosas que la anclan y la retienen. Tú observarás y te asombrarás de mi bondad mientras derramo mi bondad sobre Mis hijas. Una y otra vez les he dicho que estos son días

de asombro y gozosa expectativa. Nos acercamos a un punto de inflexión en la historia, donde aquellas que dispongan sus corazones para mí tendrán sus lámparas encendidas. Hay una línea en la arena para aquellas que se atrevan a vivir con valentía en esta próxima era. ¡Tengo un caudal de vino y aceite nuevo para todas las que estén prestas a recibir!

Ahora escucha esta hermosa adoración en YouTube, «Me dice que me ama», de Jesús Adrián Romero.

La historia de Taylor

Hace dos años, mientras escuchaba un sermón de Charles Spurgeon, la presencia de Dios cayó sobre mí como nunca antes. Esto fue después de un período de tres meses de desierto donde pensé que había cometido un pecado imperdonable debido al silencio de Dios. Este fue, sin embargo, el momento en que llegué a conocer verdaderamente a Jesús como mi Señor y Salvador personal.

Estar en el desierto fue el peor y el mejor momento de mi vida. Me animó mucho el ministerio de Spurgeon respecto a su reflexión de Isaías 42:3, RVR, que dice: «No quebrará la caña cascada, ni apagará el pábilo que humeare». La interpretación de Spurgeon se centró en que las pocas cosas buenas que hay en nosotros han sido puestas allí a través de Su Espíritu. Así que, aunque sea un poco de fidelidad, Dios no va a destruirla ni a nosotros, ya que lo que hay en nosotros y lo que planea usar fue orquestado enteramente por Él.

En este devocional, Julie comparte cómo Isaías 42 fue cumplido por Jesús, y aborda la mansedumbre del Señor desde un ángulo diferente. Ella enseña que «aunque Dios puede y quiere comisionarte para que asumas tu destino con propiedad, Él no te fuerza y más bien quiere que sepas que Él es gentil, tierno y amoroso para contigo y comprende a cabalidad todo lo que has tenido que soportar. De hecho, también quiere que sepas que los obstáculos que has superado van a ser tu tribuna de autoridad en el ministerio».

Fue como al tercer mes de estar viviendo el más cruel y tensos de los agobios que me topé con esta reconfortante escritura. Es por eso que, en esta etapa de mi crecimiento espiritual, estas palabras alentadoras e impactantes me han impulsado aún más en mi fe y creencia de lo que Dios quiere hacer a través de mi vida. Ahora sé que Él quiere usar profundamente lo que, de antemano, ya Él puso dentro de mí. ¡Qué dulce recordatorio de la gentileza de Dios hacia sus hijos!

Reflexión

DÍA 25

Levántense, nuestras Lidias

«Salimos de Troas en barco y nos dirigimos directamente a la isla de Samotracia. Al día siguiente nos embarcamos para Neápolis y de allí fuimos a Filipo, una colonia romana y ciudad importante de esa parte de Macedonia. Allí nos quedamos algunos días. En el día de descanso fuimos al río por la puerta de la ciudad porque pensamos que junto al río podríamos encontrar un lugar de oración de los judíos. Algunas mujeres estaban reunidas allí y nos sentamos a hablar con ellas. Una de ellas se llamaba Lidia, era de la ciudad de Tiatira y vendía tela de púrpura. Ella adoraba a Dios y nos estaba escuchando. El Señor abrió su corazón para que pusiera atención a lo que Pablo decía.

Entonces ella y todos los de su casa se bautizaron. Luego ella nos invitó a su casa y dijo: «Si ustedes piensan que yo soy una verdadera creyente del Señor Jesús, entonces vengan a quedarse en mi casa». Ella nos convenció y nos quedamos en su casa».

«Cuando Pablo y Silas salieron de la cárcel, fueron a la casa de Lidia, donde vieron a los creyentes y les dieron mucho ánimo. Luego partieron de allí».
Hechos 16:11-15, 40, PDT

Pablo fue conducido a Europa por el Espíritu Santo, donde conoció a Lidia. No sólo se trataba de la primera conversa en el continente europeo, sino que también era una exitosa mujer de negocios que comerciaba con productos valiosos y lujosos.

Debido a los gastos que implicaba su profesión, lo más probable es que no sólo se relacionara con la élite de su época, sino que adquiriera muchas riquezas por medio de su ocupación. Probablemente tenía una casa grande y contaba con muchos sirvientes que le servían. A pesar de su abolengo, fue enormemente hospitalaria con Pablo, Silas y los demás creyentes. Esto es una prueba de la apertura y la generosidad de la vida de Lidia. Tras su conversión, pasó a ser la fundadora de la Iglesia de Filipos.

Filipenses es, por cierto, una hermosa carta de amor de Pablo dirigida a una iglesia sana y floreciente. Lidia era una exitosa mujer de negocios en una ciudad próspera que probablemente fue asesorada por Pablo y equipada por el Espíritu Santo para que instaurara una nueva iglesia y ayudara a los creyentes a crecer en su fe.

> «Lidia no sólo vendía sus tintes, sino que servía a su Salvador. La razón por la que se mantuvo en el negocio fue para poder tener el dinero suficiente y ayudar a los siervos de Dios en su ministerio. Su generosa atención para con Pablo, Silas, y muchos otros creyentes, debió haber alegrado profundamente sus corazones. En ese orden de ideas, podemos decir que Lidia fue, en primer lugar, una cristiana consagrada y luego una empresaria enjundiosa que siguió comerciando sus tintes de púrpura para la gloria de Dios. Es probable que cuando lleguemos al cielo encontremos a esta «vendedora de púrpura» vistiendo ropas más exquisitas; es decir, ropas no manchadas ni

siquiera con el notable tinte de Tiatira, sino lavadas y blanqueadas con la sangre del Cordero».[21]

Ni Jesús ni Pablo tuvieron ningún problema en llamar, enseñar, capacitar y equipar a las mujeres para que ministraran con sus dones y habilidades. Esto a pesar de la intransigente cultura judía que hizo hasta lo posible para marginar y silenciar a las mujeres. Jesús, empero, llegó como el gran liberador y Pablo le siguió el paso.

> «Lamentablemente, muchos creyentes tienen una idea muy vaga de la verdadera naturaleza del Cristo que adoran. En un gran porcentaje, la Iglesia ha domesticado al León de la tribu de Judá, relegándolo a la condición de una mascota doméstica o aprisionándolo detrás de los barrotes de algún zoológico religioso. Sin embargo, la verdad es que cuando Jesús caminó por la tierra, fue un radical de la contracultura cuyo énfasis no estribó meramente en sanar a los enfermos y resucitar a los muertos, sino también en liberar a los oprimidos y poner en libertad a los cautivos. Y como era apenas lógico, las mujeres estaban en lo más alto de su lista».[22] -Kris Vallotton

Es triste, pero la cristiandad ha sido permeada por la falsa presunción de que solo aquellos que están a tiempo completo en el «ministerio» son los llamados a servir al Señor. Pero, lo cierto es que se necesita que la Esposa de Cristo en pleno asuma (para lo que ha sido asignada y capacitada por el Espíritu Santo) completamente su llamamiento y edifique y expanda el Reino. Oh, hermanas, cuánto anhelo que podamos movernos juntas en este mismo deseo.

Mientras buscaba la revelación del Señor en estos últimos días de devocional, el Espíritu Santo trajo a mi memoria el testimonio de

Lidia. Y ya que estamos en la etapa de este encuentro en que somos comisionadas, quiero validar y alentar a nuestras mujeres de negocios que, desde sus distintas tribunas comerciales, están construyendo el Reino de Dios a través de su brillantez, talento, fidelidad, excelencia y entrega. A las Lidias que leen esto, hoy honro sus dones y asignaciones en el ámbito de los negocios y declaro una unción de aumento en todo lo que sus manos toquen.

También oro por sabiduría y revelación para que puedas construir y expandir los sueños que Dios ha puesto dentro de ti en lo referente a tus nuevos emprendimientos comerciales. Ruego que personas influyentes acudan a tu encuentro y te ayuden a financiar estas nobles empresas y te conecten con otros, de modo que todo lo que Dios ha puesto en tus manos sea multiplicado prolijamente. Oro por un aumento de clientes, por nuevas referencias y equipos de mercadeo. Ruego encarecidamente que cuando Dios te lleve a un nuevo nivel de prosperidad y expansión te conviertas en una edificadora de Su iglesia en todo el mundo, tal como lo hizo Lidia.

Como queda demostrado en el pasaje de Hechos, Lidia no se conformó con la habilidad que Dios le había dado para hacer negocios, sino que usó sus dones y su espíritu enseñador para liderar la naciente iglesia de Filipos y, consecuentemente, también para impactar a todo un continente. Creo firmemente que Dios quiere ungirnos con este mismo nivel de unción y gracia que reposó en Lidia. Creo que el Señor nos está asignando naciones y nos está llamando a desempeñar un rol fundamental en la expansión de la Iglesia a lo ancho y largo del panorama global. ¡Que así sea, en el nombre de Jesús!

Escucha esta canción de adoración a través de YouTube: «Guíame Espíritu- Spirit lead me» (Influence music & Michael Ketterer) en español-Jardín Worship

Nuestro llamado es a levantarnos en esta hora y llevar el evangelio con pasión y sentido de urgencia a cada tejido de la sociedad donde Dios nos ha puesto. Creo que nuestros líderes empresariales tienen un papel singular y único en esta hora crucial de la historia.

La historia de Heather

Nunca quise ser una Lidia ya que, en mi dramática opinión, lo peor que podía pasarle a una mujer como yo era el tener que trabajar en ventas o algo así. Yo solo quería inspirar a multitudes desde un púlpito o vivir en una cabaña africana como una misionera de carrera. O quizás ambas cosas a la vez. Por algún tiempo creí la mentira de que ser vendedora significaba que «no era lo suficientemente buena como para aspirar al ministerio a tiempo completo».

Entonces llegó el día 25 de esta emocionante travesía devocional. Justo ese día me encontraba en una capacitación de todo un día sobre dispensadores de audífonos, sintiéndome algo desanimada. Como estaba ayunando, no pude disfrutar del delicioso almuerzo que nos ofrecieron, así que tomé mi caldo a solas y me dispuse a leer mi devocional por correo electrónico.

Cuando llegué a la parte en la que Lidia vendía artículos de lujo al tiempo que servía como anfitriona de la iglesia de Filipos, y vi cómo su negocio no había sido ningún impedimento para que ella sirviera al Señor con sus recursos y su enorme casa, empecé a llorar. Era como si no hubiera prestado atención a la vida de Lidia antes.

Estaba tan conmovida que comencé a caminar por el gran centro de conferencias para poder procesar mejor mis pensamientos e interactuar más fluidamente con el Espíritu Santo. Mientras caminaba, reconocí que oro con valentía por la sanación en el nombre de Jesús por casi todas las personas que pasan por mi oficina. También me di cuenta de que he podido sembrar en muchos más ministerios que antes. Reconocí, además, que usamos nuestra espaciosa casa para la gloria de Dios y que todo el tiempo estamos prestos a hospedar a misioneros que necesitan alojamiento durante sus vacaciones. Mientras pensaba en todas estas cosas, terminé en un vestíbulo y me senté a escribir un diario.

Justo en ese instante reconocí dónde estaba. Sólo había estado en este lugar una vez, siete años atrás y ue como si tuviera un claro fl ashback. Ese día, en ese mismo vestíbulo, había negociado con éxito un acuerdo comercial en nombre de una organización sin ánimo de lucro. Antes de ese día, no me había dado cuenta de que poseía este tipo de habilidades escondidas. Ahora, siete años después, estaba llorando y asombrada de que el Espíritu Santo me hubiera llevado a ese recuerdo. Era como si Él me susurrara: «Sé lo que estoy haciendo contigo, Heather. Tienes un lugar importante en mi Reino. No desprecies esta temporada. Te he dotado con el don de las ventas con un propósito».

Aunque quería que Él prometiera que eventualmente me enviaría al «frente», pues pensaba que el ámbito comercial no tenía nada ver con el reino de Dios, ahora confío en Él y abrazó la noble posibilidad de ser una Lidia... al menos por ahora.

Reflexiones

DÍA
26

DEJA QUE TU FE DÉ TESTIMONIO

«Si no hago las obras de mi Padre, no me crean. Pero si las hago, aunque no me crean a mí, crean en las obras que hago para que sepan con toda seguridad que el Padre está en mí y yo en él» -Juan 10:37-38 PDT

«Y respondiendo Jesús, les dijo: Id, haced saber a Juan lo que habéis visto y oído: los ciegos ven, los cojos andan, los leprosos son limpiados, los sordos oyen, los muertos son resucitados, y a los pobres es anunciado el evangelio» -Lucas 7:22

«Jesús les dijo: "Porque ustedes tienen muy poca fe. De cierto les digo, que si tuvieran fe como un grano de mostaza, le dirían a este monte: "Quítate de allí y vete a otro lugar", y el monte les obedecería. ¡Nada sería imposible para ustedes!» -Mateo 17:20 RVC

«A la noche siguiente, el Señor se le presentó y le dijo: «Pablo, ten ánimo, pues necesito que des testimonio de mí en Roma, así como lo has hecho en Jerusalén» -Hechos 23:11 RVC

Jesús testificó sobre el Padre a una nación incrédula a través de milagros, señales y maravillas. Continuamente les decía: «Si no pueden creer en mí, crean al menos en mis milagros». La razón por la cual los retó de esta manera es porque el pueblo judío quería una señal para poder creer. Sin embargo, toda la vida del Maestro dio testimonio del Padre y de su Reino.

Y no solo Jesús dio testimonio del Padre, sino que comisionó a Pablo para que llevara el evangelio a los gentiles luego del legendario encuentro que tuvo con él en el camino de Damasco. A partir de ese encuentro glorioso, Pablo se dedicó en cuerpo y alma a recorrer cada lugar, ciudad y nación donde Dios lo guiaba. Su fervor por el Señor era tal, que sus pies no se estaban quietos un segundo, a menos que estuviera en la cárcel.

Pero Pablo no solo recorrió aldeas y ciudades, sino que también escribió múltiples epístolas que, con el tiempo, se convirtieron en parte de las cartas de amor de Dios por Su pueblo. El celo de este apóstol por Jesús era tal que no podía dejar de dar testimonio de Él a los gobernantes, religiosos y hambrientos de espíritu. Sencillamente no podía guardar silencio porque Cristo era su propia vida. Él sabía que debía testificar de Jesús porque a lo largo de toda la cuenca del mediterráneo había naciones y grupos enteros de personas que aún no habían conocido a Jesús. Por ese motivo no podía callar ni permanecer indiferente sabiendo que, por doquier, había infinidad de personas que necesitaban ser liberadas. Tampoco podía darse el lujo de esperar a que otros fueran de una ciudad a otra y de un país a otro, cuando era él al que Dios había comisionado para tal fin.

Treinta y dos años de ministerio fue todo lo que Pablo necesitó para plantar, edificar fortalecer, animar, sostener y expandir la Iglesia hasta las antípodas del Imperio Romano.[23] Su vida de entrega fue tan relevante que hoy sus cartas todavía siguen hablándonos e inspirándonos.

Ciertamente la Palabra de Dios nunca deja de ser relevante y Sus milagros nunca dejan de señalarnos a Jesús como el centro de todo. Se trata de testificar del amor de Dios hasta la parte más ínfima de lo que somos.

Ahora es tu turno de recibir el testigo. Este es tu momento de aceptar el encargo solemne de impactar la historia. Por lo pronto, quiero que consideres la posibilidad de responder en tu diario las siguientes preguntas, al tiempo que las llevas ante el Señor:

- ¿Apunta mi vida a Jesús?
- ¿Mi vida destila Su presencia?
- ¿Construyo, fortalezco y aliento a mis hermanos y hermanas?
- ¿Hay espacio en mí para la fe y los milagros?
- ¿Testifica todo mi ser acerca de la bondad y el poder de Jesús?
- ¿Podría defender Su causa ante un tribunal de acusación?
- ¿Hay alguna evidencia que me condene a vivir en la imposibilidad?
- ¿Le hablo a las montañas y les ordenó que se muevan?
- ¿Es mi vida un reflejo de que todo es posible para mí?
- ¿Pisoteo las imposibilidades mientras espero que Jesús aparezca? ¿O me siento a analizarlas con incredulidad, temor e intimidación?
- ¿Le creo a Dios lo suficiente como para darlo a conocer? ¿O espero a que Él se mueva primero para validarme?
- ¿Qué pasaría si saliera, me arriesgara y dejará que Él se mostrara como lo hizo Jesús cuando caminó por la tierra?

Detente y ora:

> Señor, enciende mi fe para que pueda ver más allá de lo imposible. Enséñame a orar por las personas y las situaciones sin vacilar. Levántame para que lleve esta

carga con valor. Que mi vida dé testimonio y evidencia del poder y la presencia de Jesús. Señor, te pido que yo no sea una lancha atada al muelle de la incredulidad, la mediocridad, la posibilidad y el miedo a parecer tonta. Desata cualquier cuerda que me ate. Te pido que me enseñes a surfear sobre las olas con el poder y la autoridad de «Cristo en mí, la esperanza de gloria».

Hasta que el evangelio sea predicado a todo el mundo, este es nuestro mandato:

Señor, te ruego que utilices nuestras vidas para dar testimonio de lo milagroso, verdadero, bondadoso de Tu presencia. Que la Iglesia se levante en esta hora y declare valientemente que no se quedará callada nunca más. Jesús, Tú moriste para que fuéramos las personas más valientes sobre la faz de la tierra. Luego viniste a habitar dentro de nosotros para asegurar esa realidad. Señor, moviliza a las mujeres en esta próxima década para que sean una fuerza incontenible dentro del Reino de los cielos. Descargar una visión y una estrategia clara para cada una de nosotras, de modo que ya no nos cuestionemos más sobre lo que Tú tienes para nosotras. Que nos apropiemos de todas estas cosas con pasión, convicción y alegría. En el maravilloso nombre de Jesús. Amén

Ahora te invito a que escuches en YouTube la adoración «Yo también- Evan Craft (un millón de voces) [So Will I/ Hillsong Español] Ft. Living

La historia de Jessica

Vivir en un suburbio del sur de Dallas con nuestras tres hijas pequeñas al tiempo que servíamos en escuelas públicas nos fue llevando a mi esposo y a mí paulatinamente a un espiral de agotamiento en el que sentíamos que el ritmo de vida y el trabajo nos estaban, literalmente, estrangulando. Sin embargo, como nuestro verdadero propósito de vida era poder invertir en los asuntos eternos y en edificar el Reino de Dios antes que el nuestro, tomé la decisión de unirme al ayuno de 31 días propuesto en este devocional con la expectativa de recibir dirección de Dios en ese sentido.

Para mi sorpresa, Dios no se demoró en responder y comenzó a sembrar en mi corazón la inquietud de dejar el trabajo como profesora, de modo que pudiera dedicarme enteramente a ministrar a mi familia como una abnegada ama de casa. Cuando este deseo se volvió incontenible se lo comenté a mi esposo y él estuvo completamente de acuerdo. Al día siguiente de haber dejado mi trabajo como profesora, mi esposo recibió una llamada de un empleador anterior para ofrecerle un puesto con un salario más alto, con horarios flexibles y más tiempo libre. Increíblemente el Señor le estaba dando el visto bueno a nuestras decisiones a través de un considerable incremento financiero y más tiempo en casa para mi esposo.

En lo personal, siempre he querido construir el reino de Dios y enseñar a nuestras hijas a amar al Señor con todo su corazón, mente, alma y fuerzas. Sin embargo, nuestro deseo también apunta a poder servir al Señor más allá del ámbito de nuestra familia. Debido a que mi esposo nació en Brasil y tuvo la posibilidad de asistir a una escuela americana durante su infancia en este país, siempre nos había rondado la idea de ministrar allí, siempre y cuando, por supuesto, estuviera en los planes de Dios para nuestras vidas.

Pues bien, recuerdo que por los mismos días en que yo daba el preaviso de retiro laboral, mi esposo recibió una llamada para avisarle que había algunos puestos disponibles en la misma escuela a la que él había asistido durante su infancia en Brasil. Era evidente que Dios nos estaba poniendo en perspectiva de algo que veníamos anhelando poder hacer. Con profunda emoción, nos dedicamos a orar y a buscar a Dios al respecto. No pasó mucho tiempo para que nuestros corazónes se inclinaran completamente ante esta posibilidad. Acto seguido, mi esposo envió un correo electrónico al superintendente y su respuesta fue abrumadoramente positiva.

A través de mucha oración, búsqueda y de escuchar del Señor, aceptamos el puesto en la escuela y, en consecuencia, vamos a mudarnos a Brasil este próximo verano. Aunque si por nosotros fuera, nos marcharíamos ahora mismo, sabemos que todavía hay unas cuantas cosas por hacer aquí antes de estar listos para emprender la marcha. Si bien seguir al Señor es a menudo como vivir en un torbellino apabullante, confío en que Él está guiando cada uno de nuestros movimientos.

No quiero pasar esta oportunidad para puntualizar que una de las catapultas que nos hizo llegar a este punto de inflexión ue el tiempo de ayuno propuesta en este increíble devocional para mujeres. El fruto de esta inolvidable travesía es que Dios nos está enviando a servir a tierras brasileñas.

Reflexiones

DÍA 27

¡ELLA SE ESTÁ PREPARANDO!

«Yo, por mi parte, he de quedar satisfecho cuando me declares inocente.

¡Despertar y verme en tu presencia será mi mayor alegría!»
-Salmos 17:15 TLA

«¡Regocijémonos y alegrémonos y démosle gloria! ¡Ha llegado el momento de las bodas del Cordero! Ya su esposa se ha preparado»
-Apocalipsis 19:7 RVC

Antes de escribir el Día 27, me desperté con un estribillo de la adoración «nunca he conocido un amor como este» rondándome en la cabeza. Mientras me dedicaba a buscar la letra de esta canción me fui hallando a mí misma envuelta en una atmósfera de adoración que publico a continuación. Mi deseo es que mientras lees los apartes relevantes que he transcrito para ti, cierres los ojos y te sumerjas en esta increíble adoración y te imagines la gratificante mirada de amor de Jesús para contigo, su inmaculada Novia.

«El despertarse» suele ser definido como el acto de volver del letargo profundo del sueño. En ese sentido, es el instante en el que tomamos repentina conciencia de algo. Pues bien, eso es precisamente lo que deseo para ti en este tiempo. He estado orando por ti a lo largo de este mes para que te acerques más y más al Señor, a fin de que puedas persistir hasta el final y recojas el precioso fruto de todo lo que has venido sembrando día tras día en tu tiempo con Jesús. Mi clamor es que la Esposa de Cristo despierte a esta hora gloriosa mientras el ejército de hijos e hijas se levanta victorioso.

La Fiesta de las Bodas del Cordero es la culminación misma de la historia que estalla en adoración y alabanza por Aquel que lo merece todo. Es el momento sublime donde Jesús será nuestra máxima recompensa y el Único que nuestro corazón adore. Allí seremos coronados como Su herencia gloriosa y presentados ante Él como perfectamente inmaculados. Por lo tanto, esperamos este día con ansias y total convicción.

Ahora bien, ¿cómo nos preparamos para este día? Le pregunté al Señor acerca de lo que significa prepararse para el día de nuestra boda con Jesús y tres cosas vinieron a mi mente mientras derramaba mi alma ante Él.

Primero, «mi pueblo debe caminar en pos de quien "consumó" todas las cosas en la cruz». Todo ha sido pagado por Su sangre. En la cruz cada pecado es borrado y cada cadena es rota en mil pedazos. En la cima del calvario tu libertad y sanidad fueron conquistadas. Ya no necesitamos añadir nada a nuestra justicia, pues en Su cruenta expiación somos declarados justos, intachables, santos, redimidos, liberados, ungidos y despertados. Esta es la verdadera esencia de la gracia. No necesitamos añadir nada a la cruz porque Él declaró: «¡Consumado es!».

Segundo, «estás vestida con ropas de justicia, pureza y santidad». Tus vestiduras te fueron otorgadas al más alto precio. No es algo que te quitas o te pones. Es lo que tú eres; es decir, lo que crees de ti misma y la forma como te conduces por la vida. ¿Crees realmente que fuiste apartada y marcada para la gloria de Dios? Nuestra preparación para «ese día» comienza ahora mismo, ya que nos estamos alistando para la boda más magnífica de toda la historia.

Por último, «es hora que dejes de perseguir los placeres del mundo y fijes tu mirada en Mí». Es claro que nuestra adicción a las ocupaciones nos mantiene entretenidos; sin embargo, nuestro Amado tiene reservada para nosotras cosas aún mayores que las que nos ofrece los placeres terrenales y las ganancias mundanas.

> No queremos ser entretenidas en la cautividad.
> Queremos ser cautivadas hasta el asombro.

Hay una canción —tu canción de bodas— que tu Esposo está cantando sobre ti. Él está cortejando tu corazón para que cuando te despiertes, digas: «¡nunca he conocido un amor como éste!». Mi ruego es que puedas escuchar Su cántico sobre ti y que tu corazón lata con un nuevo ritmo. Es el ritmo celestial que se une al sonido de las multitudes alrededor del trono y cuyo himno ofrece a Jesús el honor, la gloria y la alabanza que Él se merece.

No hay nada que vibre más en mi corazón por la Esposa de Cristo que escucharla proferir un grito de guerra y verla correr hacia su primer amor con ardorosa pasión. Él está moviendo cielo y tierra para que despiertes a la realidad de Su inescrutable amor por ti. Esa es tu identidad. Es lo que te hace ser quién eres.

Ciertamente debemos anhelar estar listas y vestidas apropiadamente desde ahora para ese glorioso día. No obstante, primero debemos pedirle a Él que lo haga por nosotras, mientras le decimos que ponemos a disposición todo lo que hay en nuestras vidas. Él es tan caballero que solo tomará lo que nosotras estemos dispuestas a prodigarle. No quiero tener solo un zapato puesto mientras corro con mi velo de novia por el pasillo de gloria hacia Él. ¡Desde ahora mismo! Quiero estar vestida de pies a cabeza y completamente preparada para ese sublime día.

Señor Jesús, consume cada centímetro de mi ser. Declaro Tu belleza, Tu valor, Tu maravilla y Tu gloria. Eres magnífico y mereces que te adore con todo lo que soy. Prepárame para la Fiesta de las Bodas del Cordero. Señor, te pido que ceses cualquier actividad inútil y rompas el yugo de las vanas ocupaciones.
Que mi vida rebose de amor por ti y quede atrapada en la profundidad del amor que has depositado en mí. Mi mayor anhelo es poder amarte con un amor radical y único, mi Jesús.

Escucha la adoración «Jesús eres hermoso» de Marco Brunet a través de YouTube.

La historia de Yvonne

Mis problemas de alimentación han sido continuos durante muchos años. A menudo, la Palabra de Dios me recuerda cuál debe ser la actitud de mi corazón en este asunto. A lo largo de este viaje de 31 días, Dios usó las Sagradas Escrituras para enseñarme cómo posicionarme ante Él en adoración.

> «Así que, hermanos, yo les ruego, por las misericordias de Dios, que se presenten ustedes mismos como un sacrificio vivo, santo y agradable a Dios. ¡Así es como se debe adorar a Dios!»
> Romanos 12:1

Mientras meditaba y oraba, Dios me dio una visión en la que yo era una persona con un nivel tan enorme y severo de sobrepeso que no podía hacer nada, excepto permanecer sentada. Me vi consumiendo cantidades alarmantes de calorías sin ningún sentido. A través de esa visión, vi cómo mis problemas de alimentación son algo detestable y lo opuesto a mi verdadera y honorable condición de adoradora de mi Señor. Es lo más contrario a lo que significa ser santa y agradable a Él. Es algo diametralmente opuesto a lo que significa ofrecer mi cuerpo como un sacrificio vivo.

Mi oración para esta nueva temporada es un eco del primer día de este devocional: Jesús, te invito a que me lleves a nuevas alturas y profundidades de revelación e intimidad. Llévame allí y te seguiré. Por fe, digo: «¡estoy lista!».

Reflexiones

DÍA

28

Es el momento de ser «reintegrada»

"Podrán moverse los montes, podrán temblar las colinas, pero mi misericordia jamás se apartará de ti, ni se romperá mi pacto de paz contigo. Lo digo yo, el Señor, quien tiene de ti misericordia. »¡Pobrecita! La tempestad te ha azotado, y nadie te ha brindado consuelo. Pero voy a ponerte por cimientos piedras de carbunclo y de zafiro. Tus ventanas las haré de piedras preciosas, tus puertas serán de piedra de carbunclo, y toda tu muralla será de piedras preciosas.»
-Isaías 54:10-12 RVC

"Entonces yo, el Señor, te guiaré siempre, y en tiempos de sequía satisfaré tu sed; infundiré nuevas fuerzas a tus huesos, y serás como un huerto bien regado, como un manantial cuyas aguas nunca faltarán. De generación en generación tus descendientes edificarán las ruinas y los cimientos de antaño, y tú serás conocido como reparador de ruinas y restaurador de calzadas otrora intransitables.»
Isaías 58:11-12 RVC

He recibido algo para el devocional de hoy que está en el corazón de Dios para ti, Su preciosa hija. Día tras día has recibido palabras que te cortejan y ponen tu corazón en perspectiva de Jesús. Sé que Él te ha mostrado Su insondable bondad, mientras te muestra tu verdadero valor e identidad. Sin embargo, es posible que, aunque creas cada una de las palabras de estos últimos 28 días, aún decidas permanecer al margen de tu llamado.

Mientras me preparaba para este día, el Espíritu me susurró la palabra «reintegración». Para avanzar hacia la plenitud de la libertad, la sanidad y el llamado, muchas de nosotras, las preciosas Esposa de Cristo, primero necesitamos ser reintegradas, tal como lo hizo Jesús con Pedro. Solo a partir de entonces, podremos ser lanzadas a todo lo que Dios tiene para nosotras. Por lo tanto, no podremos ir más allá en nuestra búsqueda de la libertad, ni podremos encaminarnos hacia nuestro verdadero destino, si primero no aceptamos y creemos de corazón que el Espíritu Santo quiere asociarse con nosotras, incluso con nuestras imperfecciones y quebrantos. De hecho, Él desea, no sólo redimir las cosas rotas, sino usarlas para reconstruir, restaurar y renovar los lugares que han sido devastados por generaciones. [24] A pesar de que Él desea usarnos para Su gloria, hay demasiadas mujeres que todavía se empañan en descalificarse a sí mismas a causa de los quebrantos, las malas decisiones, la culpa, la vergüenza y los remordimientos.

Dios, sin embargo, quiere que sepas que esas áreas aparentemente «oscuras» de tu historia son las herramientas y armas que Jesús pone en tus manos para que reconstruyas, saquees, recuperes y conquistes todo lo que el enemigo te ha querido robar. Lo que consideras tus mayores debilidades son, en realidad, tu mayor fortaleza y lo que te otorga mayor autoridad en el ministerio. ¿Qué ocurriría si Jesús te llamara hoy por tu nombre y, al igual que Pedro, te restituyera para que ocupes tu verdadero lugar en la historia? ¿Creerías que Él puede liberarte del pasado que te ha retenido? ¿Creerías que Él desea tomar todo tu dolor y transformarlo en una poderosa espada?

¡Por supuesto que sí! Cuando Él me susurró acerca de «reintegrar», ¡creí con todo mi corazón que Él está listo para hacerlo!

Si todas Sus promesas son «sí» y «amén» en Él, y si la cruz es suficiente para redimir completamente tu historia, entonces puedes estar segura de que nada puede descalificarte o marginarte. Esta es la resonante canción de la gracia que se canta sobre tu vida. Y la parte gloriosa es que Él te usará, por el poder de Su Espíritu, para que salgas y encuentres a aquellos que necesitan ser reconstruidos, restaurados y renovados.

Por más que el enemigo quiera impedirlo, tienes un nivel de unción y autoridad que ha sido diseñada exclusivamente para ti. Y la razón por la que tienes el poder de ministrar a otros, es porque ya has recorrido un camino que nadie más ha hecho.

¿Recibirías con total convicción la oración que viene a continuación? Mi intención es que puedas aplicarla a tu historia personal hasta la última gota de esta fascinante travesía de 31 días a tu historia, para que, de una vez y por todas, puedas cruzar al otro lado.

Es el momento. Te necesitamos en la carrera. Necesitamos tu voz y tu autoridad ministrando a otros de la manera que solo Jesús puede hacerlo a través de ti. No dejes que el enemigo acalle tu voz ni opaque tu llamado por más tiempo. Jesús pondrá un nuevo cimiento de joyas brillantes bajo tus pies, para que entonces seas llamada *«reparadora de las ciudades y restauradora de comunidades»*.

> Espíritu Santo, te pido que vengas y llenes la atmósfera alrededor de cada persona que necesita

ser reinstalada y comisionada. Amado Jesús, al inclinarte ante ellas, ¿podrías volver a ponerles los zapatos en sus pies y levantarlas de nuevo? Solo Tú puedes ver la gran nube de testigos animando su victoria, así como las huestes del ejército celestial siendo liberadas para ministrar y guerrear en su nombre. Precioso Espíritu, Tú ves la preciosa sangre del Cordero siendo aplicada a cada recuerdo, herida, palabra y circunstancia dolorosa. Declaro que Tú tienes una mejor palabra para ellas. Hoy te imploro que les permitas volver atrás y recuperar todo lo que el enemigo pretendía robar, matar y destruir, y que les concedas poder volver al presente con el botín de la victoria.

Mientras tanto, Señor, afirma los cimientos rotos de sus vidas y corazones con las brillantes piedras preciosas de Tu inmarcesible gloria y poder. Declaro que mis hermanas se levantarán con la espada en la mano e irán tras aquello que Tú has dispuesto para ellas. Gracias, Espíritu Santo, por cubrirlas hoy con Tus palabras de afirmación y por reintegrarlas a la senda de Tu divina comisión. Gracias por declarar hoy sanidad, integridad y libertad sobre ellas.

Finalmente, Señor, gracias porque el temor, el fracaso o el quebranto jamás tendrán el poder de determinar el curso de sus historias, carreras y destino. Gracias porque hoy cada una de ellas están más preparadas que nunca para todo lo que está por venir, pues son tuyas para siempre. Creo firmemente que eres fiel y completarás la obra y la perfeccionarás hasta el día que las llames a casa. Por eso, hoy las bendigo. A una sola voz te agradecemos por Tu bondad y poder, en el glorioso nombre de Jesús, amén.

Ahora te invito a escuchar esta canción de adoración a través de YouTube: «City of Hope» de Amanda Cook

La historia de Linda

El Señor me «reintegró» el día 28. Por eso, lo alabo y adoro.

Con 70 años encima y con la salud bastante comprometida, sentí que el Señor me guiaba a comenzar un grupo de oración en mi casa con las mujeres del vecindario. Antes de enviar 18 invitaciones, le pedí que al menos una mujer aceptara mi llamado. Para mi alegría, una señora vino la primera semana y juntas tuvimos un refrescante y vibrante tiempo de oración.

La segunda semana Él envió más mujeres al grupo. Ahora estamos orando por la restauración de las familias, el reavivamiento espiritual de nuestra nación, el evangelismo mundial y la paz, entre otras cosas.

Aleluya. Dios es increíblemente bueno.

Reflexiones

DÍA 29

El Avivamiento está llegando

«Tocad trompeta en Sion, proclamad ayuno, convocad asamblea. Reunid al pueblo, santificad la reunión, juntad a los ancianos, congregad a los niños y a los que maman, salga de su cámara el novio, y de su tálamo la novia.»

« el Señor hará grandes cosas. Y ustedes, animales del campo, no teman, porque los pastos del desierto volverán a reverdecer, y los árboles, las higueras y las vides volverán a dar su fruto. Y ustedes también, hijos de Sión, alégrense y llénense de gozo en el Señor su Dios; porque él les ha dado la primera lluvia a su tiempo, y enviará sobre ustedes lluvias tempranas y tardías, como al principio. Las eras se llenarán de trigo, y los lagares rebosarán de vino y aceite.»

«Después de esto, derramaré mi espíritu sobre la humanidad entera, y los hijos y las hijas de ustedes profetizarán; los ancianos tendrán sueños, y los jóvenes recibirán visiones.

»En aquellos días, también sobre los siervos y las siervas derramaré mi espíritu. Y haré prodigios en el cielo y en la tierra, con sangre y fuego y columnas de humo.»

«Son muchos los pueblos en el valle de la decisión, porque ya se acerca el día del Señor en el valle de la decisión. ¹⁵ El sol y la luna se oscurecerán, y las estrellas opacarán su resplandor. ¹⁶ Desde Sión, el Señor lanzará un rugido; desde Jerusalén, dejará oír su voz. Los cielos y la tierra se estremecerán, pero el Señor será la esperanza de su pueblo y la fortaleza de los hijos de Israel."
-Joel: 2:15-16, 21b-24, 28-30, 3:14-16

Hace poco estaba leyendo un post de Instagram de Dutch Sheets, el autor de «Intercessory Prayer» (excelente libro, por cierto), algo interesante: «Veremos una ola de almas venir a Jesús. Estamos entrando en una temporada de evangelismo como el mundo jamás ha visto. Creo que veremos más gente ser salva en los próximos 20 años que en todos los últimos 2000 años. Declaren que los campos de cosecha de la tierra están maduros y la gran cosecha está comenzando».

*«Vienen días —afirma el S*EÑOR*—,*
»en los cuales el que ara alcanzará al segador y
el que pisa las uvas, al sembrador...» Amós 9:13 RVC.

¿Sientes los vientos de avivamiento acercarse? ¿Puedes percibir la sensación de que algo significativo pulula en el ambiente?

Después de consagrar estos 31 días al Señor y posicionarnos firmemente a modo de preparación para esta próxima temporada, deseo poder escuchar acerca de lo que el Espíritu Santo te ha estado diciendo. Sin duda, lo más grande que podemos hacer en esta hora de preparación es alabar, adorar y amar a Aquel que nos envuelve con Su presencia. No podría, por tanto, ofrecerte un mayor estímulo que mi exhortación a amarlo con todo lo que eres y con todo lo que tienes. Ofréndale a Él todo lo que eres como un acto de adoración. No retengas nada, pues no hay cosa más importante que tu vida posicionada ante Él en actitud de adoración y completa rendición.

Ciertamente tu vida hallará su lugar en Él siempre y cuando este fundamento de adoración y búsqueda sea el mayo anhelo de tu corazón y tu máxima prioridad. De esto se trata precisamente el renacimiento de la Novia.

Recuerdo que en un reciente viaje a América Latina tuve la oportunidad de visitar una pequeña casa y compartir con cuatro generaciones de una misma familia: una abuela de 97 años y las tres generaciones siguientes. Lo más memorable de aquel encuentro con esta preciosa familia es que todos recibieron a Jesús como el Salvador de sus vidas, excepto la longeva abuelita. Posteriormente me comentaron: «Ora por ella, pues tiene Alzheimer y está fuera de sí todo el tiempo». Al escuchar aquello pensé: «La eternidad de esta mujer aún pende de un hilo y, por lo tanto, debo compartirla con ella».

Acto seguido, nos arrodillamos y empezamos a orar en silencio para que Dios atravesara la enfermedad de esta frágil anciana y trajera claridad a su mente. El Señor no tardó en responder y rescató a esta enferma mujer en el momento en que ella más lo necesitaba. Antes de que termináramos de orar ya la anciana había recobrado la lucidez mental y se disponía conscientemente a entregarle su vida a Jesús.

Preciosas hermanas, no podemos ignorar que se acerca Las Bodas del Cordero y que muchos están siendo invitados. La misión del Señor es hallar a Sus ovejas perdidas, y por eso nos está enviando a aquellos que necesitan la sanidad, la esperanza y el revolucionario amor de Jesús para que las traigamos de vuelta a Su redil.

Por lo tanto, les ruego encarecidamente que busquen a Jesús con todo su corazón. No permitan que nada ocupe el altar de adoración en sus vidas que le corresponde exclusivamente a Cristo. No pierdan de vista que Él derramará su Espíritu sobre ustedes y las levantará en esta hora crucial de la historia para que lleven a cabo el gran mandato celestial y traigan alegría al corazón del Padre. Este es un tiempo de arrepentimiento y de completa rendición. Es el tiempo de que abandones tu rutina de vida y asumas conscientemente tu rol como Esposa de Cristo.

Mi anhelo y mi oración es que este encuentro devocional haya servido de catalizador de un nuevo tiempo en tu vida y haya propiciado la restauración, el reajuste y el realineamiento de aquellas áreas sensibles de tu vida. ¿Estás preparada para el avivamiento que está llegando?

> Señor, te alabo por crear este espacio de 31 días de consagración, preparación y posicionamiento. Permite que nuestras vidas se enciendan con el fuego abrasador de tu presencia y haz que el viento del Espíritu sople dentro y a través de nosotras hasta producir el más inconmovible de los avivamientos. Te pido que la plenitud de Tu Espíritu (sabiduría, entendimiento, consejo, poder y temor del Señor) repose sobre cada una de nosotras como lo prometiste en Isaías 11:2-3.
>
> Jesús, consume cada parte de nuestras vidas y envíanos con visión, claridad, plenitud y con una desbordante pasión que no hemos visto antes. En el nombre de Jesús.

Ahora escucha esta adoración en YouTube: «Que se abra el cielo» // Gateway Worship (con Christine D'Clario y Marcos Brunet) // Murallas

Escucha esta canción de adoración a través de YouTube: «Heal our Land» de Kari Jobe, sub español

La historia de Karey

Orar y responder las preguntas sugeridas a lo largo y ancho de esta increíble travesía de 31 días me ha dado el impulso necesario para dar el salto de fe que mi vida necesitaba. Ahora soy más consciente de todo lo que Jesús está sembrando en mí. Poco a poco Él me está enseñando que estar ocupada no es la respuesta y que lo que realmente necesito es sentarme ante Él, día tras día, y permanecer quieta ante Su presencia.

Ahora también sé que necesito fe, no tanto para conocer a Dios, sino más bien para salir a la conquista de lo desconocido. Y aunque todavía no tenga la plena certeza de lo que Él quiere que haga ahora, mañana o el próximo mes, sé que a Su tiempo Él hará visible las oportunidades que tiene separadas para mí. Aun así, continuamente me cuestiono si estoy dando los pasos de fe hacia lo imposible de la mano de Jesús, o si estoy estancada y analizando las oportunidades con incredulidad, temor e intimidación.

Donde estoy ahora, ni mi zona de confort, es lo que Dios desea para mí. Él es mucho más grande que eso. Él quiere que mi familia y yo seamos más grandes que todo eso. Él desea que seamos humildes y audaces a la hora de glorificarlo; que construyamos muros y fortalezas a partir de las bendiciones y el amor que Él nos ha prodigado. Él quiere que derribemos cualquier muro de incredulidad o apatía y que establezcamos un lecho de amor en nuestro corazón para los demás, ya que no podemos dar lo que no tenemos.

Sólo Él sabe por lo que hemos pasado y en qué áreas necesitamos ser sanadas para que podamos compartir Su amor y gloria con el resto del mundo. La pregunta es, ¿confiamos realmente en Él? ¿Estamos preparadas para lo que viene?

Reflexiones

DÍA 30

CORRIENDO LA CARRERA

La canción de adoración propuesta para hoy recrea a la perfección el hambre que hay en mi corazón. Y si bien se trata de una hermosa canción de entrega y anhelo, no quiero que pienses que la letra de esta inspiradora melodía sobre el hambre espiritual está determinando tu valor o indicando que tu vida es insuficiente. No, lo que deseo que entiendas es que cuando Dios te mira, ve a una hija perfecta, y punto. Creo que el grito prevalente de la canción es lo que hemos estado escuchando durante este encomiable viaje.

> Señor, no tengo nada sin Ti. Tú eres el
> anhelo absoluto de mi vida.

Tu vida está completa en Jesús, en virtud de que Él te dio todo de sí mismo y no retuvo nada para sí. Clamamos, por tanto, que haya más espacio en nosotras a fin de que Su vida se manifieste más y más a través de nuestra genuina entrega. Ponte en modo pausa por un instante y recuerda la palabra del día 2. «Él consumirá todo lo que estemos dispuestos a darle». Con estas palabras en mente sube al altar de la gracia y deja que Él te encienda con el vívido fuego de su Espíritu Santo.

Recuerda que a nuestro alrededor están todos aquellos que nos precedieron; es decir, los que corrieron y terminaron con éxito sus carreras. Ahora ellos nos traspasan la batuta y nos animan para que corramos a la meta de nuestro supremo llamamiento con la actitud victoriosa que Jesús, de antemano, ya declaró sobre nosotras. Por cierto, los versículos del tema de hoy han estado gravitando en mi corazón durante varios días. Me he sentido tan desafiada por esta escritura, que tuve que rendir algunas cosas ante el Señor antes de poder sentarme a escribir este devocional.

Si bien, hemos disfrutado juntas la hermosa plenitud de este viaje devocional, también hemos experimentado innumerables tensiones mientras esperamos que algunas peticiones sean contestadas. Sé que la incredulidad o la decepción siempre andan al acecho de una oportunidad para darnos el mordaz zarpazo. Esto lo digo con conocimiento de causa, pues durante meses he luchado con el Señor por algo que Él me ha movido a interceder. Y a pesar de que he esperado con paciencia, a veces tengo la sensación de que nada sucede.

El enemigo sabe cuándo hay un síntoma de decepción en nuestro entorno y aprovecha esos espacios de tensión para infiltrarse y susurrarle a nuestra conciencia: «Sí no es posible, entonces no le des más vueltas al asunto y olvídate de ello». Él sabe que la decepción de una espera incierta, es el caldo de cultivo perfecto para que perdamos de vista el panorama general y para que nuestra fe disminuya de forma exponencial

A propósito de esto, recuerdo que durante mi último viaje a Asia viví una experiencia que me puso a prueba en el área del temor. Cierta mañana tuvimos que escalar diecinueve millas por una escarpada cordillera llena de obstáculos. Fue una travesía tan desgastante, que nos llevó cerca de nueve horas de subida y tres horas más de bajada en plena oscuridad. No fue un día fácil, por no decir otra cosa. Sin embargo, lo más difícil no fue lo encrespado del camino, sino tener que cruzar una espesa selva infestada de sanguijuelas. Como era apenas lógico, yo estaba en pánico por la presencia estos horrendos bicharracos, pues son alimañas muy pequeñas que aprovechan mientras discurren por el espeso follaje para saltar a los zapatos y merodear por entre los calcetines o pantalones de los caminantes hasta llegar a su piel. Yo estaba tan petrificada por los nervios, que el ritmo de mi respiración anaeróbico que había logrado mantener a lo largo de la empinada travesía, se tornó irregularmente rápido.

Aunque al final logramos hacerles frente a las sanguijuelas y pude sobrevivir a su repulsivo acecho, lo cierto es que estos diminutos bichos lograron ponerle freno momentáneo a mi carrera ese día.

Metafóricamente hablando, estas pequeñas sanguijuelas son las que hacen que mi fe mengue y las que impiden que le crea al Señor cuando mis ojos no ven la pronta respuesta a mis oraciones. Ellas son las que me mantienen distraída y las que le abren la puerta al enemigo para que mi fe se desvíe.

Si bien la carrera no es fácil, corremos en los hombros de aquellos gigantes que nos precedieron. Gracias a su ejemplo y templanza nosotras podemos terminar —en este momento crucial de la historia— la carrera que ellos empezaron. Creo firmemente con todo mi corazón que nada podrá hacerte frente, ya que Jesús, nuestro Sublime Precursor, vive para interceder por ti mientras corres valientemente y sin perder de vista a tu Campeón celestial, el cual es a la vez tu más añorado premio. La esperanza de este galardón es lo que nos impulsa a esquivar los tropiezos del camino y a correr con libertad hasta la victoria final.

Mientras me sentaba con el Señor a meditar en este devocional, escribí en mi diario lo que creo que Él quiere que escuchemos:

> Todos estos 31 días han salido de mi corazón para mis hijas. No quiero que se pierdan nada por andar empeñando su tiempo en lo que es vano o infructuoso. Más bien deseo que se deleiten en la plenitud de lo que Soy y con lo que lleno cada aspecto de su realidad.
>
> Tengo aún más para ellas de lo que se alcanzan a imaginar. Si se quedan conmigo un tiempo más les mostraré todo lo que deseo enseñarles. Quiero que sepan que las he llamado a sentarse conmigo en el salón del trono de la gracia y a poner su oído en Mi corazón. Deseo que sus corazónes estén en perfecta sintonía con el mío para que sientan lo que hace que Mi corazón lata. Ellas son Mi preciosa Novia.
>
> Sin embargo, la única manera en que van a estar en sintonía conmigo es ofreciéndome totalmente sus vidas para que Yo pueda transformarlas y revelarles la plenitud de lo que Soy. Una vez que hayan probado el tipo de amor que Yo ofrezco, dejarán de anhelar cualquier otro amor. Yo soy el que Soy, por lo tanto, haré que mi rebosante amor llene y cubra sus vidas en todos los sentidos.

Al terminar nuestro tiempo de consagración juntas, uno mi voz a la de aquellas que te rodean para que puedan correr hacia el Único amante de sus almas. Mi mayor anhelo es que puedas encontrar tu satisfacción, esperanza y deleite en Él. Él nunca nos decepciona y nos responde cuando oramos con sinceridad. Por eso es digno de confianza, ya que se mueve rápido y llega a tiempo.

Por nada del mundo pierdas de vista esta realidad. No permitas que ninguna circunstancia mengüe tu esperanza. Él está en movimiento y en la línea de meta con los brazos abiertos para ti. Fija tus ojos en los Suyos y sintoniza tu corazón con el de Él. Estos son días de rigurosa preparación para «ese día maravilloso» en que la historia en pleno culmina en la Fiesta de las Bodas del Cordero.

Ahora medita y escucha esta canción de adoración a través de YouTube: «Encuéntrame otra vez» (Here Again) Spanish / Video Oficial con letra/ Elevation Worship

La historia de Maya

El día que corresponde al presente devocional me desperté luego de haber tenido un extraño sueño. Soñé que intentaba ver el final de una carrera de ciclismo, y que dos veces me había equivocado de lugar y, por lo tanto, no había podido presenciar el final. Inquieta por lo que acababa de soñar, salí por el vecindario a ver si había una carrera de ciclismo y lo que encontré fue una carrera de atletismo. Fue entonces cuando algo hizo clic en mi interior y entendí lo que Dios me estaba diciendo. Aun cuando sigo buscando la meta equivocada y la carrera equivocada, Dios sigue trabajando, sólo que no como yo espero que Él lo haga.

Llevo orando por los problemas de columna de mi esposo, y Dios ha respondido a esas oraciones, solo que no de la manera que yo pensaba. Venga me explico. Nuestra hija tiene problemas con el gluten, así que mi marido se unió a ella en una dieta sin esta proteína. Luego de algún tiempo sus problemas digestivos y la psoriasis habían disminuido considerablemente. Si bien se trata de un paso incipiente hacia la curación total, me siento animada. Lo que deseo resaltar es que, aunque yo esperaba que Dios respondiera a mi oración de una manera, Él sigue diciéndome que Sus caminos son más altos que los míos, y que sus respuestas no siempre ocurren de la forma que yo imagino o deseo.

Otra prueba de esto es algo que nos ocurrió como familia al principio de estos inolvidables 31 días de devocional. En ese momento nos alistábamos para emprender un largo viaje de regreso de Eslovaquia. Al pasar por la zona ejecutiva del avión y ver lo cómodo que eran sus asientos me invadió una especie de desazón momentánea, pues sabía que mientras unos cuántos afortunados pasajeros iban a disfrutar de esos plácidos asientos, nosotros viajaríamos apeñuscados en estrechos sillones de la clase económica donde a duras penas podíamos medio estirar las piernas. Por un instante pensé: «Si Dios quisiera, podría permitirnos viajar en clase ejecutiva». Aunque mis deseos iban por ese lado, Dios tenía algo mucho mejor. Al llegar a la zona económica nos sorprendió con una fila entera de asientos para que pudiéramos, no solo recostarnos cómodamente, sino incluso acostarnos placenteramente durante el largo trayecto. Una vez más, Su respuesta fue diferente a lo que yo imaginaba, pero infinitamente mucho mejor.

Ciertamente, Dios está en movimiento y en la línea de meta con los brazos abiertos esperando mi llegada. Lo único que necesito para no desfallecer es fijar mis ojos y posicionar mi corazón en Él.

Reflexiones

DÍA
31

¡PREPARADAS, LISTAS, YA!

«Jesús se acercó y les dijo: "Toda autoridad me ha sido dada en el cielo y en la tierra. Por tanto, vayan y hagan discípulos en todas las naciones, y bautícenlos en el nombre del Padre, y del Hijo, y del Espíritu Santo. Enséñenles a cumplir todas las cosas que les he mandado. Y yo estaré con ustedes todos los días, hasta el fin del mundo." Amén.»
Mateo 28:18-20.

«Les dijo: "Vayan por todo el mundo y anuncien las buenas nuevas a toda criatura.[a] El que crea y sea bautizado será salvo, pero el que no crea será condenado. Estas señales acompañarán a los que crean: en mi nombre expulsarán demonios; hablarán en nuevas lenguas; tomarán en sus manos serpientes; y, cuando beban algo venenoso, no les hará daño alguno; pondrán las manos sobre los enfermos, y estos recobrarán la salud.

"Después de hablar con ellos, el Señor Jesús fue llevado al cielo y se sentó a la derecha de Dios. Los discípulos salieron y predicaron por todas partes, y el Señor los ayudaba en la obra y confirmaba su palabra con las señales que la acompañaban"».
Marcos 16:15-20 NVI.

¿Saben?, esta temporada ha sido un milagro en muchos niveles, y aún hay mucho más por venir. Es por eso que creo que la canción de hoy encaja perfectamente con el cierre de nuestro mes de consagración y preparación.

Desde mucho antes de escribir este cierre sabía que iba a hacerlo con dos pasajes de la Escritura sobre el encargo, pues en muchos aspectos nuestro tiempo culmina con las ideas centrales de estos dos pasajes. Como sabemos, antes de Jesús ascender a los cielos y sentarse a la derecha del Padre, les dijo a sus discípulos unas palabras que, increíblemente, son las mismas que Él nos declara hoy al término de esta travesía. En ellas, Él decretó que nuestra autoridad es la autoridad que Él ofrece de forma ilimitada. Por otro lado, también nos dio la promesa de Su presencia y la manifestación de Su bondad en y a través de nuestras vidas sin ninguna medida. Nos prometió que habría una confirmación de lo que se predicaba con señales y maravillas que demostrarían el insondable amor de Dios por un mundo desesperado y sin esperanza. Y aunque estos medrosos discípulos eran el grupo más improbable para dar a luz un movimiento global de lo imposible, no importó su frágil humanidad, pues antes de ser enviados fueron sellados con la promesa y el poder del Espíritu Santo.

> «Comprender que eres hijo o hija de Dios y saber cuán pródigamente te ama el Padre es lo que te hace libre para entrar de lleno en tu destino. Sólo esta condición de hijo o hija puede darte la confianza suficiente para decir "SÍ" a la plenitud del llamado que Dios se apresta a poner en tu corazón. Si logras vislumbrar, aunque sea un poco la calidez con la que Dios te sonríe, querrás darle todo por el resto de tu vida, y tendrás la disposición de ir hasta los confines de la tierra por Él, ya sea viviendo en la suciedad con los más pobres o siendo sal y luz entre las élites de Harvard. Todos,

sin excepción, estamos llamados a brillar a nuestra manera. Dios tiene un par de zapatos especiales para ti, perfectamente adaptados a tu propio camino. Debes aprender a llevar tus propios zapatos y a no ponerte los de los demás. Solo entonces podrás caminar íntegramente en tu propia unción». -Heidi Baker [25]

Tu comisión comenzará cuando creas que Él realmente te creó con un destino que estaba escrito antes de que se formarán los cimientos del mundo. Desde los albores de los tiempos, Él ya conocía las habilidades, la brillantez, la creatividad, los dones, la personalidad, la ubicación, el ámbito de influencia, las debilidades y las fragilidades que tienes. Al igual que estos rupestres pescadores, a quienes Jesús invitó a emprender su imposible, Él te está invitando a un nuevo capítulo de cosas aún más grandes. Nos movemos de gloria en gloria y, por ende, no hay tiempo más propicio como este para que invites al Maestro a capitanear tu barco y le permitas hacer todo lo imposible en tu vida.

Los discípulos se hacen a través de la enseñanza y el aprendizaje. Mientras caminamos a través de la Palabra y entramos juntas en los lugares de adoración, te imploro que te alimentes a ti misma. Y a las que ayunaron el sueño para estar a los pies de Jesús, ¡no desfallezcan!, continúan ensanchando y apartando aún más tiempo para estar con Él, el Amado de sus almas. Pero no lo hagan solas, busquen a otras personas hambrientas y rodéense de ellas. Recuerden que el éxito de su discipulado depende de con quién se rodeen.

Algo que me sorprende del mandado de Jesús a sus discípulos es lo revolucionario que era para la época. Esto en virtud a que no era común que los judíos consideraran a la gente de otras naciones como dignos de la promesa redentora. Sin embargo, el mandato de Jesús para sus pupilos implicaba que ellos empezaran a ver más allá de las fronteras de la cultura judía. Pero antes de estar completamente listos para dar cumplimiento a este mandato divino, debían permanecer adorando en el Templo por un tiempo indeterminado luego de que el señor fuera ascendido a Su trono junto al Padre. A pesar de lo perentorio del mandato, no fue cosa fácil para los discípulos dar cumplimiento a semejante responsabilidad. Si el Padre no sacude el árbol de la comodidad por medio de una agresiva persecución, los mansos pajarillos jamás se hubieran sentido compelidos a alzar vuelo y abandonar el nido.

Esto me da pie para reflexionar en un hecho concreto. Si bien los estudios bíblicos, los tiempos de adoración corporativa y equipamiento espiritual es algo necesario y placentero, no es todo lo que Dios nos demanda. Lo anterior es meramente la antesala preparatoria para el verdadero «devenir» al que estamos siendo llamadas.

> «Ahora es el momento de que se revelen los hijos e hijas de Dios, los que no sólo predicarán el glorioso evangelio, sino que lo vivirán radicalmente. Estas personas son una nueva raza que se levanta hoy en la tierra. Son personas sencillas que cambiarán el mundo un día y una persona a la vez. Son personas que no están poseídas por el temor, sino por el amor. Su mayor virtud estriba en que son audaces, amables, pacientes, poderosas, humildes y alegres. Su capacidad de adaptación es tal que pueden intimar con los pobres y también cenar con los reyes. Dondequiera que vayan, inician avivamientos... o disturbios. A menudo se les confunde con ángeles o dioses. Son un pueblo santo. Son justos e inusuales. Son como el viento que sopla y se mueve donde quiere. Se les teme, se les ama y se les odia al mismo tiempo. A menudo son incomprendidos. No se enorgullecen de las alabanzas de los hombres ni se derrumban con las críticas. ¿Cómo puede ser

todo esto? Saben que son amados. Son personas normales y ordinarias que han sido poseídas por un Dios extraordinario. Se parecen al Dios al que adoran. Como han nacido de Dios y están llenas de Él, pueden actuar y amar como Él lo hace». -Peter Louis [26]

Amada, esa eres tú. Llevas impresa el nombre de Jesús. Tú encarnas a Cristo mismo a través del Espíritu Santo. Él mora en ti. Por eso has sido llamada y comisionada a levantarte e ir a asaltar las puertas mismas del infierno. No nos llevamos nada al cielo, excepto personas, así que ve y encuéntralas. Deja que tu vida sea la demostración viva de la proclamación del evangelio.

Al terminar este tiempo juntas, quiero encargarles a ustedes algunas tareas específicas.

A mis hermanas que tienen 60 años o más, las necesitamos en la carrera. Ustedes son fundamentales para la Esposa de Cristo. Necesitamos su sabiduría y su capacidad para discipular a otras. Necesitamos que eduquen a las mujeres que son más jóvenes que ustedes y que reviertan todo lo que son en las vidas de ellas. Las comisiono para que equipen y envíen a las generaciones más jóvenes.

A mis hermanas que son enfermeras, médicos y consejeras, les encargo que hagan visible al Sanador que habita dentro de ustedes.

A mis hermanas que son apóstoles, profetas, evangelistas, pastoras y maestras, les encargo que avancen. No retrocedan. Este es el momento al que el Espíritu Santo las ha llamado. Edifiquen la Esposa de Cristo a nivel mundial.

A mis hermanas que son intercesoras natas por las naciones, los distintos ámbitos sociales y la Iglesia actual, reúnan a más mujeres con ustedes en sus recámaras de oración. Les encargo que formen a otras en la intercesión, pues ahora más que nunca, necesitamos vigías en el muro.

A nuestras Lidias, les encargo que trabajen con todas sus fuerzas, en el poder de Jesús, para que edifiquen el Reino de Dios aquí en la tierra.

A mis hermanas que son madres, les encomiendo que críen a personas capaces de cambiar el mundo y hacer historia. Críenlos para que conozcan al Señor en profunda intimidad y adoración. Muéstrenles cómo se logra esto desde sus propias vidas.

A mis hermanas que son creadoras, inventoras, escritoras, diseñadoras y artistas, sepan que fueron creadas a la imagen de un Dios muy creativo y brillante. Les pido, por tanto, que revelen la profundidad y la maravilla de lo que Dios es en todo lo que crean y producen con sus manos, mentes y bocas.

A mis hermanas que dirigen la adoración y traen a otros ante el trono de la Gracia, les encargo una intimidad más profunda con el Señor. Le ruego a Dios que las unja integralmente (espíritu, alma y cuerpo) para que escuchen las canciones que se cantan en el cielo y las reproduzcan aquí en la tierra.

A mis preciosas hermanas que se sienten completamente rotas en este momento, les pido que den un paso firme y decidido hacia su sanación, integridad y avance. Dios está rugiendo por cada una de ustedes, así que dejen que Él redima cada parte de su historia. Declaro que ustedes serán las más feroces y valientes en esta carrera.

A todas mis hermanas que han sido comisionadas para «ir» (es decir, a cada una de ustedes que leen esto), les encargo que se sumerjan por encima de sus posibilidades en el perfecto amor de Dios por ustedes. Les pido que nunca se arrastren a la orilla, sino que naden en el mar de Su gracia y bondad e inviten a otros a sumergirse con ustedes hasta que Él nos lleve a casa.

Gracias por el honor y el privilegio de permitirme adorar y asombrarme junto a ustedes. Desde ahora tienen un espacio especial en mi corazón y mi intercesión.

¡Levántense, queridas hijas del Dios Altísimo, pues su tiempo ha llegado!

Finalmente, las invito a escuchar canción de adoración «Milagro» de Mosaic MSC, a través de YouTube

La historia de Leila

«Jesús, Tú conoces mi deseo de tener nietos a pesar de no haber sido bendecidos con hijos propios. También conoces mi corazón por la gente de otras naciones. Al mudarnos de Dallas, la cual es una ciudad universitaria mucho más pequeña, ¿me bendecirás con nietos? ¿Nos permitirás entablar amistades con personas de otras culturas y naciones? ¿Bendecirás nuestro hogar para que sea un lugar seguro de conexión para todos los que vienen y para los que necesitan una familia allí?»

¡La respuesta de Dios a mi oración fue divertidísima! En lugar de enviarnos a las naciones, Él envió las naciones a nosotros. Una pareja de indios, ambos doctores de la facultad de veterinaria, se convirtieron en nuestros vecinos. Aunque el marido sigue la religión de su infancia y la mujer se considera a sí misma como atea, estoy dispuesta a orar tan fuerte por ellos como quizás oraría alguien que sabe que su avión está a punto de estrellarse. Ambos han perdido a sus madres. Lo interesante del asunto es que esta peculiar pareja tiene dos hijos de 6 y 8 meses y nos han pedido que seamos los abuelos sustitutos. Hemos tenido conversaciones sobre la fe, y ellos saben y respetan cuál es nuestra postura.

Además, una joven pareja turca se incorporó a la facultad de ingeniería y se mudó a nuestro barrio. Nos reunimos y disfrutamos con ellos mientras se mudaban. Ya tuve la oportunidad de conocer a las abuelas de su hija de 3 años, y me honraron con el enorme privilegio de ser la abuela suplente mientras ellos están aquí.

Dios es increíblemente bueno. Respondió a mi oración respecto al deseo de tener nietos con dos nietecitos indios y una nieta turca.

¡Mi corazón multicultural lo adora! Algo que me encanta de este vecindario es que hay demasiados profesores internacionales. Este factor aunado a que mi esposo también desarrolla su doctorado aquí nos ha permitido establecer puntos de conexión por medio de mi don de la hospitalidad. Cada vez que alguien se muda los recibimos con un postre de bienvenida. De esa forma somos bendecidos y podemos ministrar a personas de muchas naciones mientras permanecemos en nuestro multicultural vecindario.

Reflexiones

Conclusión

La única forma que se me ocurre para concluir estos 31 días de integración en el lugar secreto con Jesús, es elevando al cielo una oración por ti.

> Señor, bendigo Tu nombre, ya que está por encima de todos los demás nombres. Gracias por permitirnos creer que llevamos Tu nombre como señal distintiva. Gracias por marcarnos, comisionarnos y redefinir nuestras vidas por Tu precioso Nombre y por brindarnos sanidad eterna por el poder de Tu sangre.
>
> Elevo a Ti mi plegaria por todas las que leen las páginas que me hablaste mientras me sentaba contigo horas y horas cada día. Señor, ruego que enciendas en mis fervorosas hermanas un espíritu de avivamiento tan poderoso que sea capaz de manifestar la invitación y el cautiverio de amor que tienes para tu pueblo hecho a Tu imagen.
>
> Te pido que la iglesia se levante en esta hora; llena a Tu pueblo con la vida del Cordero inmolado por nuestra causa, y haz que Tu Espíritu resida dentro de aquellos que han sido hechos tuyos. Te pido un manto de valor y audacia por tu pueblo, de modo que pueda

proclamar y demostrar Tu bondad. Dales a Tus hijas la convicción de que Tú eres suficiente para ellas. Te pido que cambies providencialmente sus apetitos y antojos para que sólo te anhelen a Ti, Jesús. Te ruego que sus vidas cambien radicalmente, de modo que busquen Tu corazón y Tus propósitos ahora mismo, en este momento de la historia. Libera a nuestros artífices de la historia, a los jóvenes y mayores, para que tengan claridad, discernimiento, sabiduría, visión y firmeza. Que abunden en las cosas que Tú les has destinado antes de que se pusieran en marcha los cimientos del mundo.

Bendigo a las que leen esto y pido que la aceleración, el aumento y el asombro sean el derrotero marcado ante ellas, en el nombre de Jesús. Declaró que sus vidas son una casa de oración para todas las naciones, tanto intercediendo, invitando, como recorriendo caminos y trochas para encontrar a las personas que esperan escuchar las gloriosas buenas noticias de salvación.

Señor, que nuestras iglesias derriben las cuatro paredes y tengan un aspecto diferente. Que la unidad sea nuestro punto de referencia en nuestras ciudades. Que nuestras vidas estén totalmente alineadas con Tus inigualables propósitos y no con las estrategias hechas por el hombre para producir el crecimiento de la iglesia. Ruego por un llamado a la santidad, por el temor reverente, y por un acuerdo genuino con Tus propósitos. Que todo lo demás sea sometido a lo que Tú estás hablando a Tu pueblo y a Tu iglesia en este momento. Este es el lugar donde nuestra verdadera identidad es afirmada y conocemos la plenitud de Tu bondad. Arrópanos en esa realidad, te lo ruego, en el precioso e incomparable nombre de Jesús.

Hermana, sigue a Jesús de todo corazón y por nada del mundo desperdicies ni un solo día viviendo al margen de una vida apasionada, valiente y audaz. ¡Él lo vale todo!

Si alguno de estos días te ha hablado de modo especial, me encantaría saber de ti. Puedes enviarme un correo electrónico a jking@eastwest.org

Tu compañera de fuego,
Julie King

Sobre la Autora

Julie King lleva 25 años casada con Michael. Ambos han tenido el privilegio de ver a sus cuatro hijas —Elizabeth, Emily, Ann Marie y Grace— crecer y desarrollar una pasión por Jesús y tener un corazón para las naciones. Su familia es su máximo deleite en la vida.

Julie creció como una niña misionera de padres que sirvieron como personal voluntario de CRU durante 33 años. Gran parte de su juventud discurrió en Alemania, durante la caída del Muro de Berlín y la apertura del Telón de Acero. Vivir esta coyuntura histórica fue, según sus palabras, un periodo formativo, tanto de su visión del mundo como de su pasión por el evangelio. En la actualidad Julie dirige a mujeres de todo el orbe e imparte el evangelio a personas que nunca han oído acerca del nombre de Jesús.

De adulta, la pasión fundamental de Julie es por la Esposa de Cristo y por aquellos que todavía no conocen a Jesús personalmente. Su deseo de ver a otros rendidos ante el Señor la impulsaron a comenzar un estudio bíblico en su barrio y a involucrar a otros en la Palabra y en la misión. Uno de los resultados de esta iniciativa fue una reunión de oración y adoración en Frisco, Texas, denominada *God of the City: The Church unified-revived-unleashed (*Dios de la Ciudad: La Iglesia unificada-Revivida-Desatada). Esta iniciativa del Señor, que duró tres años, fue un movimiento poderoso que ayudó a unir a la iglesia del norte de Dallas en torno al propósito de adorar y orar por el avivamiento. Cientos de iglesias participaron en este loable evento, al que asistieron miles de personas.

En 2018, Julie comenzó una iniciativa llamada *Arise* bajo la cobertura de la misión de *East-West*. A través de este esfuerzo, ella está viendo a mujeres de todos los calados crecer en una profundidad de hambre y pasión por Jesús y desarrollar su corazón para un mundo sin Cristo.

Julie tiene una pasión desbordante por la Palabra y la adoración y le encanta reunir a la gente en torno las mismas cosas que Dios hace surgir en su espíritu. Este libro es el resultado de todas estas pasiones, ¡y ella cree que todavía hay mucho más por venir!

ACERCA DE EAST-WEST

East-West comenzó porque dos hombres no pudieron resistir el llamado de la gran misión de Cristo: ir al mundo y hacer discípulos conforme Mateo 28:18-20.

A través de su trabajo detrás de la Cortina de Hierro a principios de la década de 1980, los fundadores de East-West, John Maisel y Bud Toole, reconocieron la profunda necesidad de capacitar a los plantadores de iglesias y a los pastores en naciones con una actividad cristiana severamente restringida.

En mayo de 1993, se estableció *East-West* con la finalidad de formar y orientar a pastores nacionales fieles y fiables para que se conviertan en catalizadores del crecimiento de las iglesias autóctonas y puedan llegar a los perdidos con el evangelio. Su visión además propugna por equipar a los nuevos creyentes para que sean multiplicadores de iglesias autorreproducibles.

Hoy en día, *East-West* trabaja principalmente en países de acceso limitado y entre grupos de personas no alcanzadas en casi 50 países de todo el mundo.

VISIÓN: La visión de East-West es glorificar a Dios multiplicando los seguidores de Jesús en las áreas espiritualmente más oscuras del mundo.

MISIÓN: Existimos para movilizar al Cuerpo de Cristo para evangelizar a los perdidos y equipar a los creyentes locales para multiplicar discípulos e iglesias saludables entre los pueblos no alcanzados y/o en comunidades de acceso restringido.

PARTICIPAR: Para saber más sobre Oriente-Occidente o para unirse a nuestro ministerio global, visite www.eastwest.org/get-involved.

Sobre Arise

Arise es una iniciativa que nace del deseo de East-West de empoderar a las mujeres alrededor del mundo con el fin de ser usadas por Dios para llevar el evangelio a las naciones. Esto se hace llamándolas, conectándolas y comisionandolas las unas a las otras en torno al corazón y los propósitos de Dios para esta hora.

Ciertamente hay un llamado de parte del Señor para las mujeres en este momento para vivir en la autoridad e identidad que Cristo les ha otorgado. Por tal motivo, estamos conectando a mujeres entre sí a través de sus historias y experiencias. De esta manera, las mujeres están siendo comisionadas para ser una fuerza poderosa para el Reino de Dios.

Es por eso que Arise existe.

Tenemos la esperanza de que al llamar a las mujeres a vivir con valentía en el poder del Espíritu Santo, las conectamos entre sí para continuar cultivando el ánimo unas a otras hasta lograr enviarlas a su singular misión. Esto lo hacemos confiando que una cultura de avivamiento se desatará en la medida que las familias, las comunidades y las naciones sean cambiadas para siempre para la gloria de Dios.

¿Por qué? Porque ha sucedido en el pasado.

A través de mujeres de nuestro antiguo pasado (como Débora, Rut, María, y Lidia) y mujeres de los últimos siglos (como Juana de Arco, Amy Carmichael, Corrie ten Boom, Madre Teresa y Heidi Baker) Dios cambió el mundo. Creemos que las mujeres que se mueven por un amor apasionado por Jesús y quienes se asocian con Él para construir Su Reino son la clave para desbloquear movimientos evangélicos en los lugares espiritualmente más oscuros del mundo.

Para obtener más información o involucrarse con Arise, visite: www.eastwest.org/arise

Notas

Cómo utilizar este libro
i Laura Vawser. *The Prophetic Voice of God: Learning to Recognize the Language of the Holy Spirit.*. (Shippensburg, PA: Destiny Image Publishers, Inc., 2018)

Día uno | ¿Estás preparada? ¡Aquí vamos!
1 Daniel 2:22
2 Efesios 5:2 (RVC)

Día Tres | Atrayendo su corazón
3 Lucas 1:37 (PDT)

Día cuatro | Este momento, ahora mismo
4 Jeremías 20:9

Día seis: Trayendo la promesa
5 1 Reyes 18:41
6 1 Reyes 18:42

Día Siete | Adorar hasta que haya una ruptura
7 2 Samuel 6:14-22

Día Ocho: Vuelve a mí
8 Romanos 8:1

Día Doce | Avivamiento y Romance
[9] Salmo 126

Día Trece | ¡Ya viene!
[10] Mateo 25:1-13

Día Dieciséis | Es hora de ascender
[11] Romanos 12:1-2

Día Diecisiete | ¡Cruzarás al otro lado!
[12] Marcos 4:11
[13] Marcos 4:25
[14] Marcos 4:35 (PDT)

Día Dieciocho | Hija mía
[15] Salmo 34

Día Diecinueve | Su voz y tu voz
[16] Santiago 3
[17] iLaura Vawser. *The Prophetic Voice of God: Learning to Recognize the Language of the Holy Spirit.*. (Shippensburg, PA: Destiny Image Publishers, Inc., 2018)

Día veinte | Veré una victoria
[18] 1 Crónicas 18:14-17

Día Veintidós | Su Resurrección ... tu comisión
[19] Mindi Oaten Art, www.MindiOaten.com

Día Veintitrés | Despierta y Levántate
[20] Juan 14:12

Día Veinticinco | Levántense, nuestras Lidias
[21] https://www.biblegateway.com/devotionals/all-women-bible/3830/08/02. Evaluado el 19/2/2020

[22] Vallotton, Kris. Fashioned to Reign, (Bloomington, MN: Chosen Books, 2013) p. 101.

Día Veintiséis | Deja que tu fe dé testimonio
[23] El ministerio de Pablo fue desde el año 36 DC hasta el 68 DC

Día Veintiocho | Es hora de ser «reintegrada»
[24] Isaías 61:4

Día treinta y uno | ¡Preparadas, listas, ya!
[25] Baker, Heidi. Birthing the Miraculous, (Lake Mary, FL: Charisma House, 2014) p. 85
[26] Louis, Peter. *Back to the Gospel: Reviving the Church through the Message that Birthed It.* (2016) p. 178

Referencias Bibliográficas

Baker, Heidi. Birthing the Miraculous, (Lake Mary, FL: Charisma House, 2014) p. 85

Louis, Peter. Back to the Gospel: Reviving the Church through the Message that Birthed It. (2016) p. 178

Vallotton, Kris. Fashioned to Reign, (Bloomington, MN: Chosen Books, 2013) p. 101.

Vawser, Laura. The Prophetic Voice of God: Learning to Recognize the Language of the Holy Spirit. (Shippensburg, PA: Destiny Image Publishers, Inc., 2018)

www.ingramcontent.com/pod-product-compliance
Lightning Source LLC
Chambersburg PA
CBHW071337080526
44587CB00017B/2872